LARROUSSE

matemáticas 1

Libro de actividades

Dirección editorial: Tomás García Cerezo
Coordinación de contenidos: Yanitza Pérez y Pérez
Contenido: María Guadalupe Huerta, Yanitza Pérez y Pérez
y Maricela Torrejón Becerril
Diseño y formación: Rocío Caso Bulnes y Estudio Creativos
Coordinación gráfica: Mónica Godínez Silva
Asistencia de coordinación gráfica: Marco A. Rosas Aguilar,
Rubén Vite Maya
Ilustración: Félix León Coronel, © Shutterstock
Diseño de portada: Ediciones Larousse S.A. de C.V.
con la colaboración de Raúl Cruz Figueroa
Revisión técnica y preprensa: Javier Cadena Contreras

ISBN: 978-607-21-1048-9

Primera edición - Edición revisada: 2019
Primera reimpresión: 2022

Impreso en México – *Printed in Mexico*

Esta obra se terminó de imprimir en febrero de 2022,
en los talleres de Compañía Editorial Ultra, S.A. de C.V.
Centeno 162-2, Col. Granjas Esmeralda,
C.P. 09810, México, Ciudad de México.

Presentación

Desde pequeños los niños están en contacto con diferentes situaciones que les permiten ir incorporando conceptos matemáticos en su vida diaria, por ejemplo: "yo quiero muchos dulces", "yo soy más grande", etc., sin embargo es necesario que cuenten con un material que les permita interiorizarlo de una manera formal. Esta serie está diseñada para acompañar a los niños en la etapa preescolar y favorecer los procesos del Pensamiento matemático para lo cual se tomaron en cuenta los ejes temáticos que propone la SEP.

El contenido de cada ejercicio fue realizado con base en los intereses como a las capacidades de los niños de esta edad; contienen instrucciones sencillas y claras para que el adulto que lo acompaña le explique cómo realizarlo. Se alternan diferentes tipos de trabajo que evitan la monotonía provocando la expectativa de lo que sigue.

El tamaño y el diseño de las ilustraciones son acordes a las diferentes edades de los niños y favorecen la ejecución de las actividades que se proponen en cada una de éstas.

Al trabajar los ejercicios, el niño podrá desarrollar además habilidades preceptúales, visomotoras, de lenguaje, memoria, atención, razonamiento, construir imágenes mentales o conceptos y ampliar su vocabulario.

El libro aborda diferentes conceptos que cubren las habilidades de aprendizaje de los niños de esta edad. Iniciamos con ejercicios que van a favorecer que el niño practique habilidades que lo acerquen a diferentes conceptos relacionados con la medida como grande-pequeño, largo-corto, etc.

Se continúa con contenidos que acercan al niño a conocer las diferentes nociones espaciales para que entienda aspectos como arriba-abajo, izquierda-derecha, etc. Cabe señalar que cada concepto se presenta de manera aislada y después se emplea su opuesto para que el niño tenga un punto de comparación.

Asimismo, antes de abordar los números se ven las diferentes formas geométricas donde se pide al niño que las identifique y las trace.

Los números se trabajan a partir de conocer su escritura, después relacionándolo con la cantidad y finalmente realizando la práctica del trazo.

Se incluyó un ejercicio que permite a los niños de manera fácil analizar la información que se obtiene a través de gráficas.

La última parte del libro está dedicada a reforzar y complementar habilidades que son esenciales para un buen aprendizaje de las matemáticas, como son: identificar un patrón para razonar y saber cuál es el que sigue, desplazarse en un plano gráfico, identificar qué pasa antes y después de un suceso.

Al final del libro hay unas hojas para recortar con la finalidad de que el niño ejercite su psicomotricidad fina, su percepción visual y su atención.

Sugerencias para trabajarlo:

- Busque un lugar ventilado y con suficiente luz, si no cuenta con luz natural se recomienda poner una lámpara del lado contrario al que escribe el niño.
- Trabaje en una mesa despejada para favorecer una buena postura en el niño y lograr una mejor ejecución del ejercicio.
- Lea al niño la instrucción y pregúntele qué tiene que hacer. Si el niño ya inicia la lectura, promueva que él la lea y sólo aclare las dudas.
- Anime al niño en sus esfuerzos y felicítelo de manera objetiva por el trabajo realizado.
- Dele tiempo para reflexionar y que logre por sí mismo el objetivo.
- Proporcione al niño el material necesario, en buen estado y ya dispuesto en el lugar de trabajo antes de empezar para evitar distracciones.
- Se recomienda tener a la mano material concreto como cubos, fichas, corcholatas, palitos de madera, etc., para que el niño trabaje los conceptos primero con materiales y después en plano gráfico.
- Se sugiere poner un cartón debajo de la hoja cuando se vaya a utilizar material como pintura y gises.
- Se sugiere tener a la mano los siguientes materiales: lápiz de madera número 2.5, colores de madera, gises, plumones, café soluble, acuarelas, punzón o lápiz con punta afilada, sacapuntas, tijeras, tablita de cartón, pegamento líquido y en barra, pintura dactilar. Los materiales pueden ser sustituidos por otros que se tengan accesibles en la casa o en la escuela. También se puede aprovechar material de reúso.

Esperamos que con este libro tanto los niños como los docentes y padres de familia encuentren un apoyo útil para acompañarlo en el desarrollo de las diferentes habilidades matemáticas.

Grande

Este perro se llama Bolo y es muy grande. Colorea la casa donde pueda vivir Bolo.

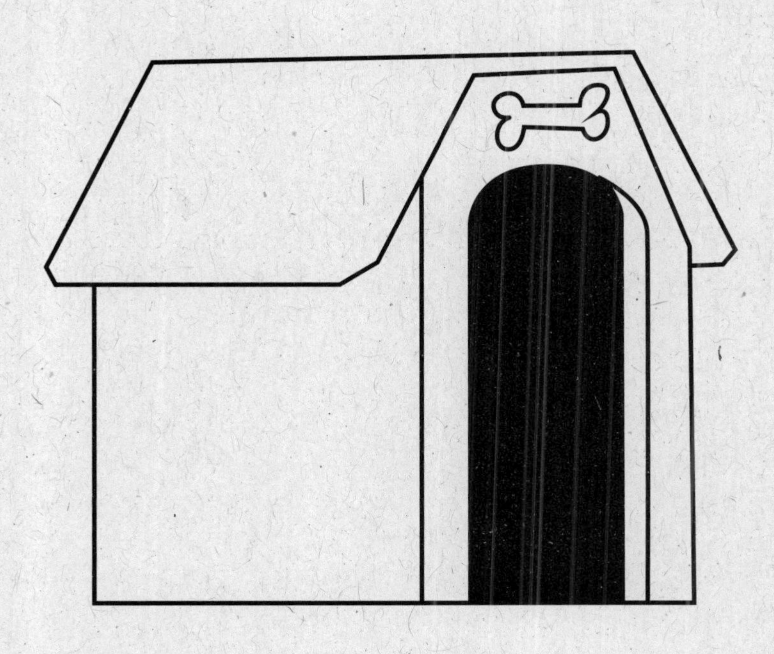

Pequeño

Pedro va a jugar. ¿Cuál auto crees que pueda usar? Coloréalo.

Grande – Pequeño

Colorea de rojo los alimentos grandes y de azul los pequeños.

Grande – Pequeño

Aquí hay dos muñecas, una grande y una pequeña. Colorea de rosa el moño, los zapatos y el vestido para la muñeca grande y de morado para la muñeca pequeña.

Alto

El banco es alto y te puede ayudar a alcanzar las cosas que se encuentran arriba. Coloréalo.

Bajo

Colorea la resbaladilla que es baja y tacha las otras.

Alto – Bajo

Encierra en un círculo los papalotes que vuelan alto y tacha los que vuelan bajo.

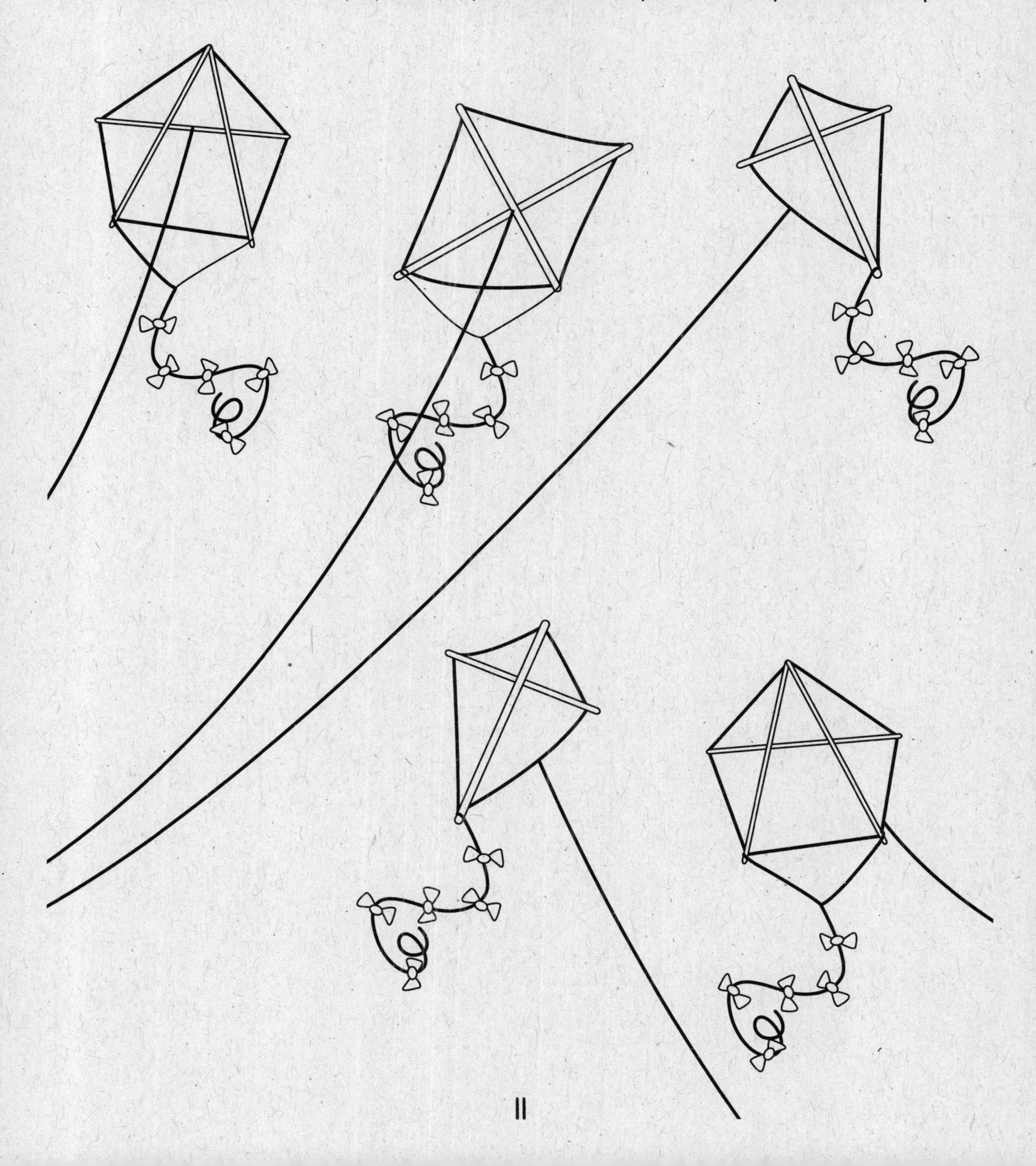

Largo

Este payaso está pelón, dibújale cabellos largos. Después, coloréalo.

Corto

Los cerdos y los conejos tienen la cola corta, dibújaselas.

Largo – Corto

Colorea de naranja el camino corto para que el oso llegue a su cueva y de color café el camino largo.

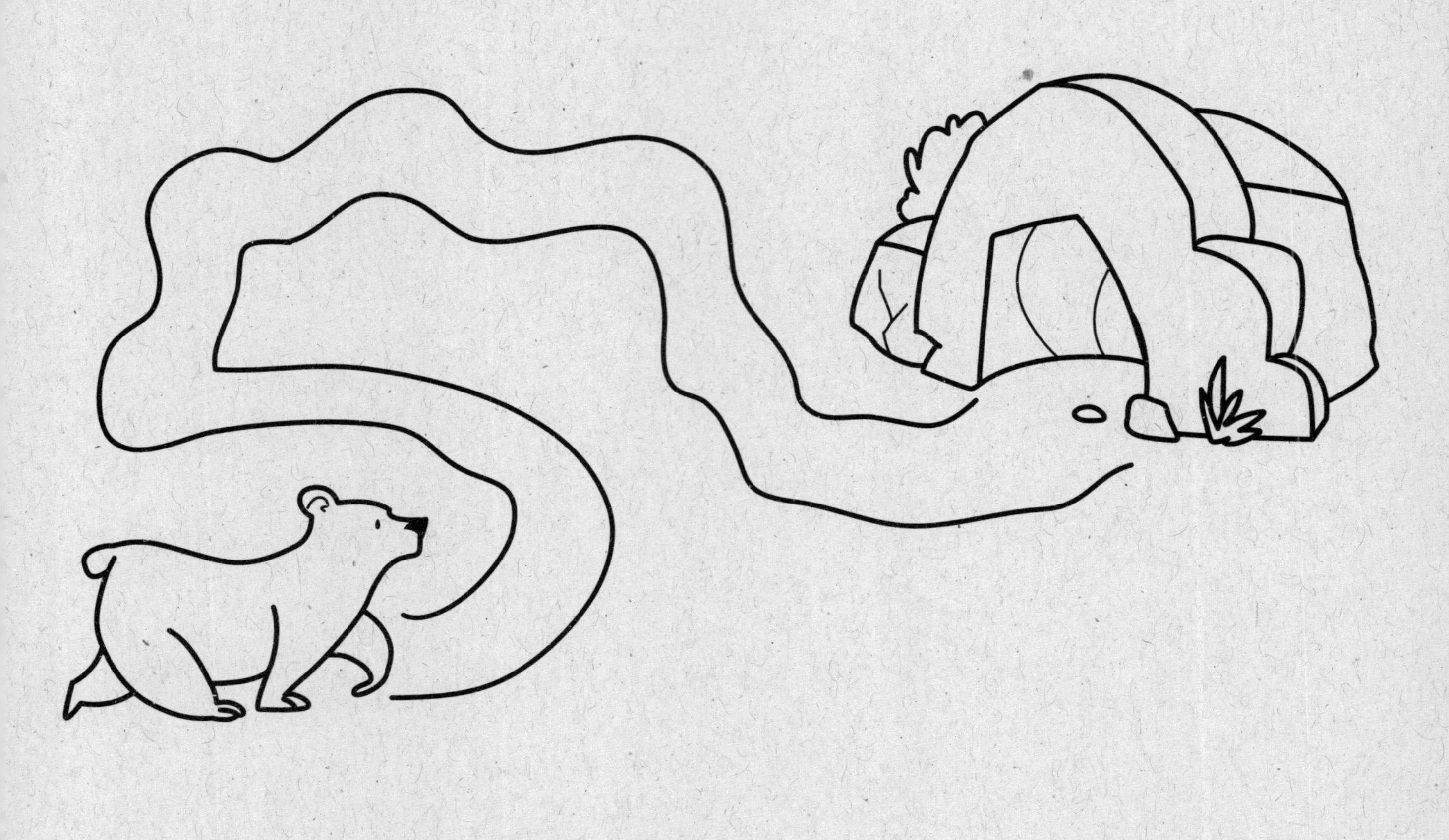

Largo – Corto

Dibuja las correas para que el señor pueda pasear a sus perros. Observa que unas son largas y otras cortas.

Lleno

¿Te gusta el cereal? Este plato está lleno de cereal, coloréalo y dibújale rebanadas de plátano.

Vacío

Este frutero está vacío, adórnalo con colores.

Lleno – Vacío

Llena el camino dibujando piedritas. Colorea el paisaje.

Lleno – Vacío

Éste es un árbol de naranjas. Llena un árbol con naranjas y el otro déjalo vacío.

Pesado

¿Conoces estos animales? Son un elefante y un hipopótamo, ¡son muy pesados! Coloréalos de gris.

Ligero

La pluma y el algodón son ligeros. Colorea la pluma con muchos colores.

Pesado – Ligero

Encierra en un círculo azul las cosas ligeras y en un círculo rojo las pesadas.

Pesado – Ligero

Colorea lo que es ligero y encierra en un círculo lo que es pesado.

Muchos

Dibuja muchas nubes.

Pocos

En este florero hay pocas flores, coloréalas.

Muchos – Pocos – Ninguno

Mariana tiene muchos globos, Andrea tiene pocos y Laura ninguno. Dibújale a cada una sus globos con colores.

Relaciones temporales

Recorta las imágenes de la página 157 y pégalas donde corresponde de acuerdo a lo que puedes hacer en el día y en la noche.

Relaciones temporales

Encierra en un círculo lo que sucede primero y colorea lo que sucede después.

Relaciones temporales

Ésta es la historia de una niña que se está arreglando para ir a pasear. Explícale a un adulto lo que observas y después escribe en el cuadro el número 1 a lo que pasó primero y el número 2 a lo que ocurrió después.

Relaciones temporales

Sigue el camino para descubrir cómo cambiaron estos animales al crecer.

Arriba

Colorea los pajaritos que están arriba del árbol.

Arriba

La litera tiene una cama arriba y una cama abajo. Dibuja unos cojines en la cama que está arriba.

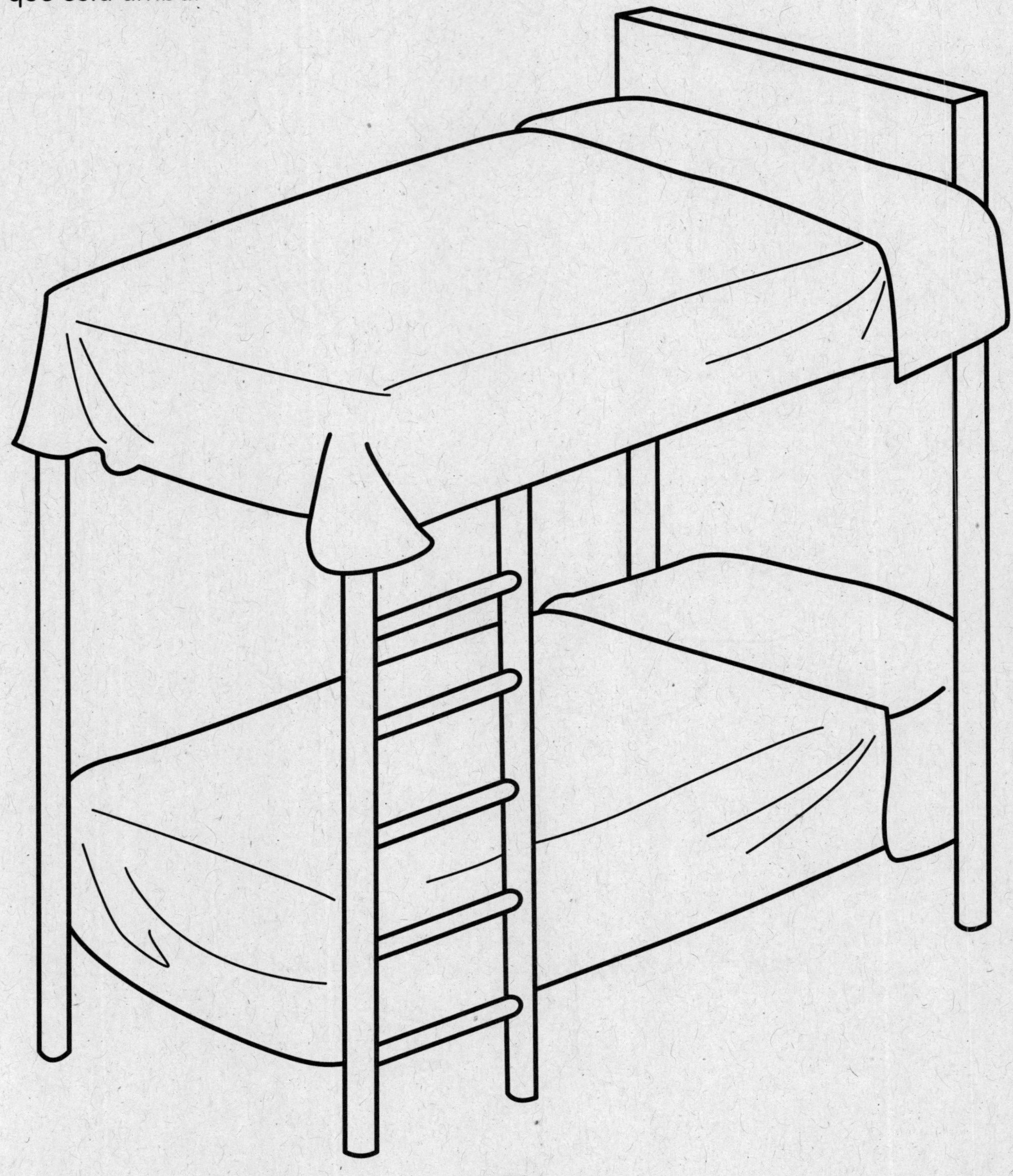

Abajo

Colorea los gusanos que se encuentran abajo en el pasto.

Abajo

Cuando las manzanas están maduras se encuentran abajo. Colorea las manzanas que se encuentran abajo.

Arriba – Abajo

Este señor vende globos. Colorea de verde los globos que se encuentran arriba y de azul los que se encuentran abajo.

Arriba – Abajo

Dibuja una dona arriba de la mesa y una pelota abajo de la mesa.

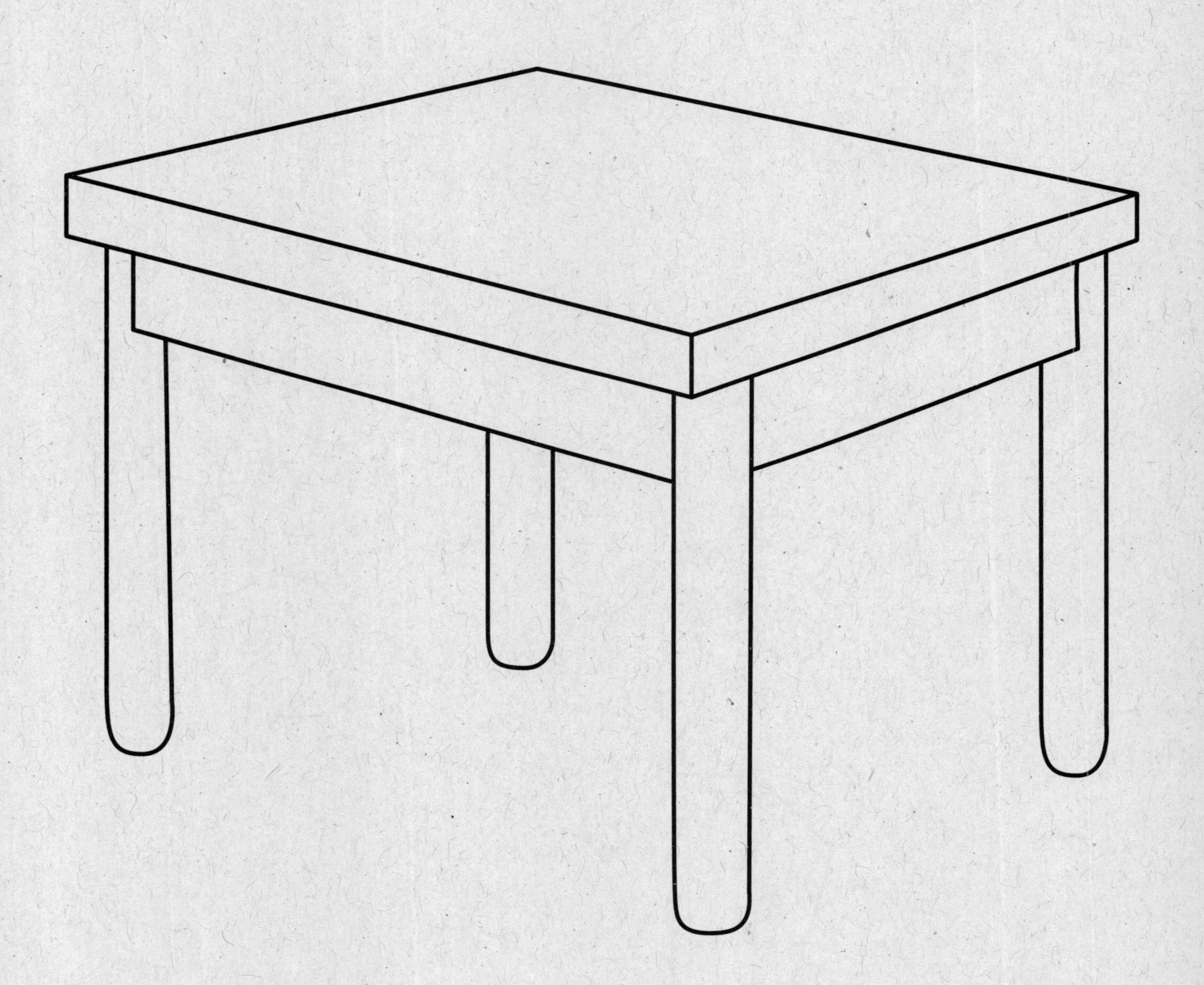

Arriba – Abajo

Pon un ✗ a las palomas que están arriba y colorea las que están abajo.

Arriba – Abajo

En este juguetero vas a guardar pelotas. En la parte de abajo dibuja una pelota roja y en la parte de arriba una azul.

Dentro

Colorea los objetos que pueden ir dentro de tu lonchera.

Dentro

Dibuja algo que pueda estar dentro de un nido.

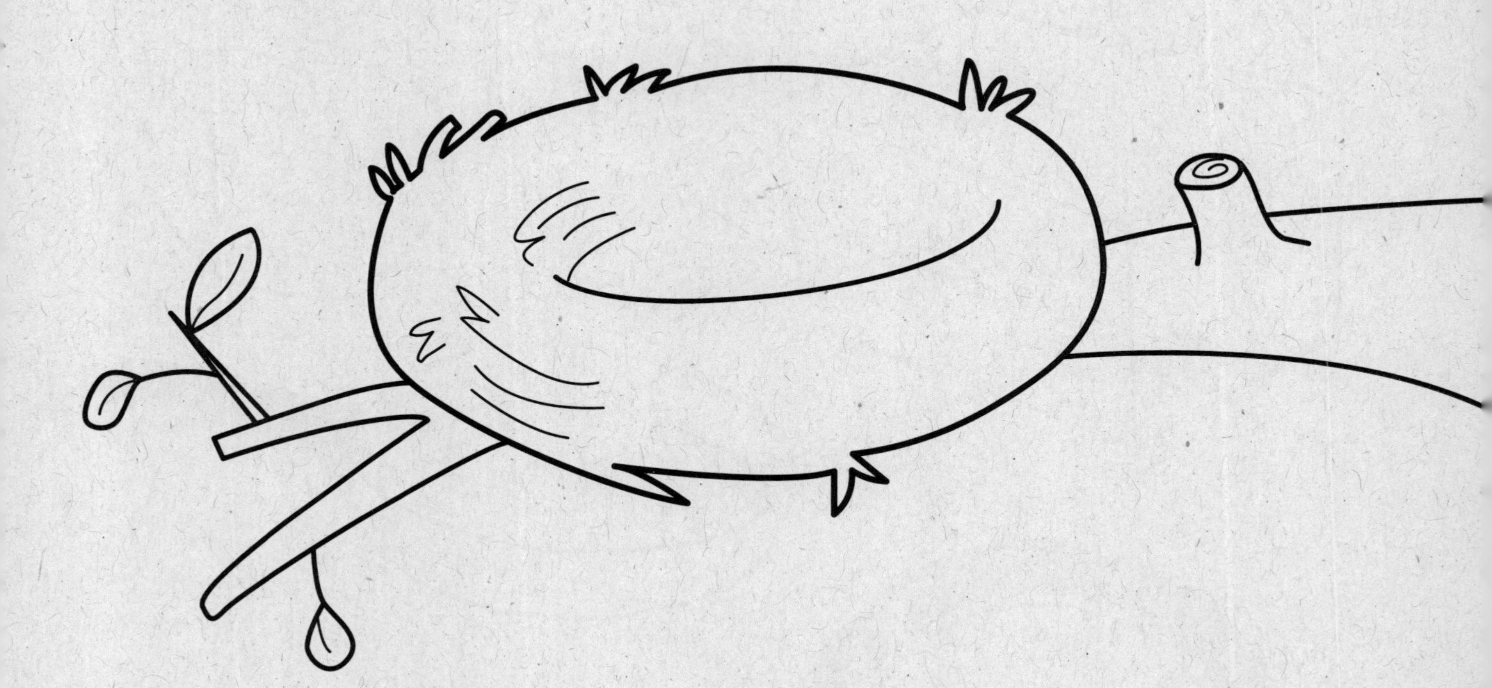

Fuera

Encierra en un círculo el animal que vive fuera de esta casa.

Fuera

Dibuja 5 canicas fuera de la bolsa. Después, coloréalas.

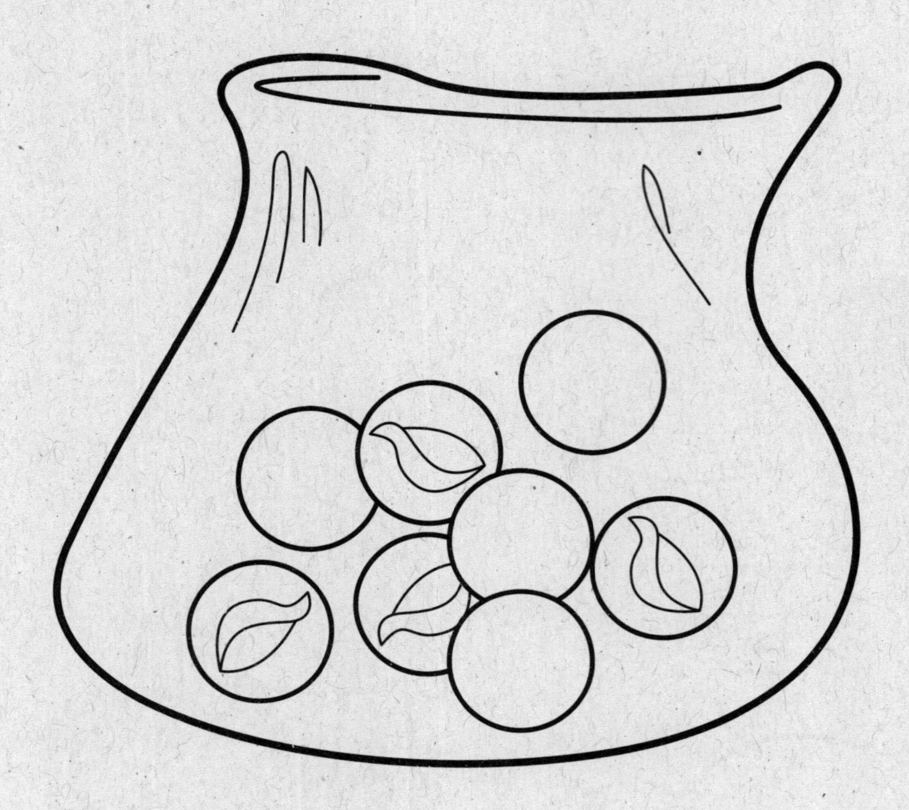

Dentro – Fuera

Colorea lo que puede ir dentro de la casa y tacha lo que tiene que ir fuera.

Dentro – Fuera

Colorea de rojo las frutas que están dentro de la canasta y encierra en un círculo las que están fuera.

Dentro – Fuera

Encierra en un círculo verde las cosas que están dentro de la bolsa de mamá y tacha las que van fuera.

Adelante

Colorea de azul la gorra del niño que está adelante de la niña.

Adelante

Encierra en un círculo rojo a la persona que va adelante en el autobús. Colorea el autobús de amarillo.

Atrás

Encierra en un círculo el animal que está atrás de la niña. Después, coloréalo.

Atrás

¿Qué trae Sebastián atrás de él? Coloréalas.

Adelante – Atrás

Encierra en un círculo verde los animales que se encuentran por atrás del árbol y en un círculo rojo los que están adelante. Después colorea el árbol.

Adelante – Atrás

Colorea con verde la pelota que está atrás de la pelota con bolitas. Colorea con morado la pelota que está delante de la pelota con rayas.

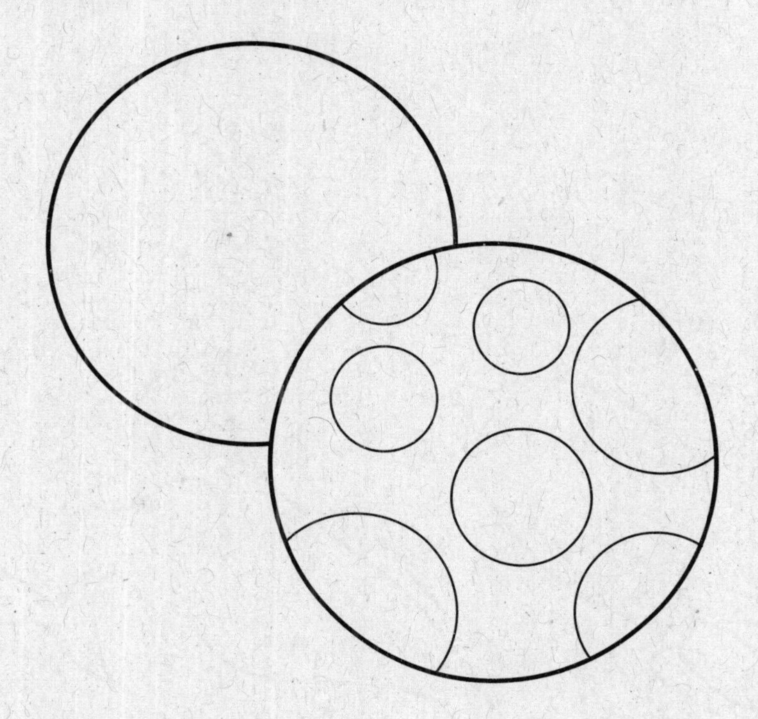

Adelante – Atrás

Colorea el animal que está adelante del caballito de mar y encierra en un círculo el que se encuentra atrás.

Cerca

Colorea la playera del niño que está cerca del caballo.

Cerca

Colorea lo que está cerca del columpio.

Lejos

Dibuja una pelota lejos de la casa.

Lejos

Colorea a la niña que está lejos del auto.

Cerca – Lejos

Colorea de azul los globos que están cerca de las nubes y de verde los que están lejos.

Cerca – Lejos

Dibuja unos colores cerca de la libreta y una goma lejos.

Cerca – Lejos

Colorea los panes que están cerca de la canasta del pan y tacha los que están lejos.

Repaso

Dibuja lo que se te pide en cada cuadro:

Colorea de gris lo que es pesado.

Dibuja muchas canicas de colores.

Repaso

Colorea de rojo lo que está debajo de la cama.

Dibuja pocas piedritas en el frasco

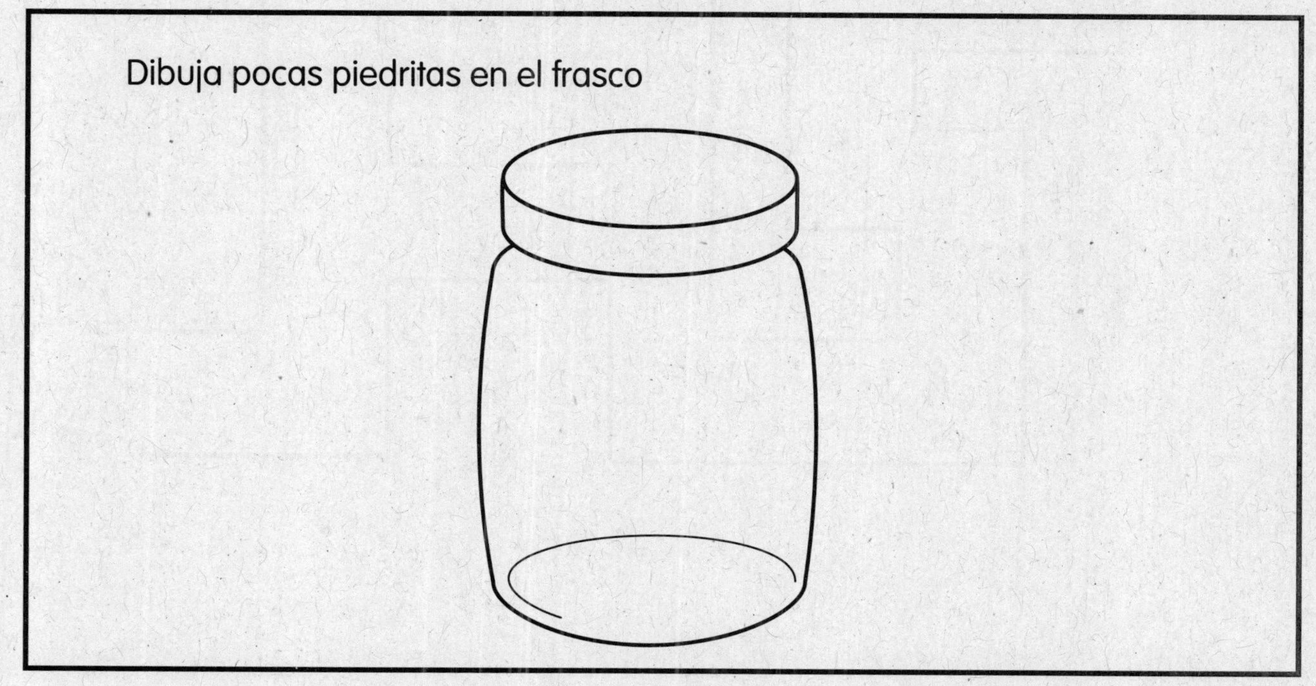

Relaciones espaciales

Marca el camino de Julia para que le entregue la pelota a Tomás. Primero con el dedo y después con un color. Por último colorea el dibujo.

Relaciones espaciales

Encuentra los caminos que puede tomar el granjero para llegar a su casa sin chocar. Primero síguelo con tu dedo, después marca los caminos con diferentes colores.

Relaciones espaciales

Une los puntos siguiendo el modelo.

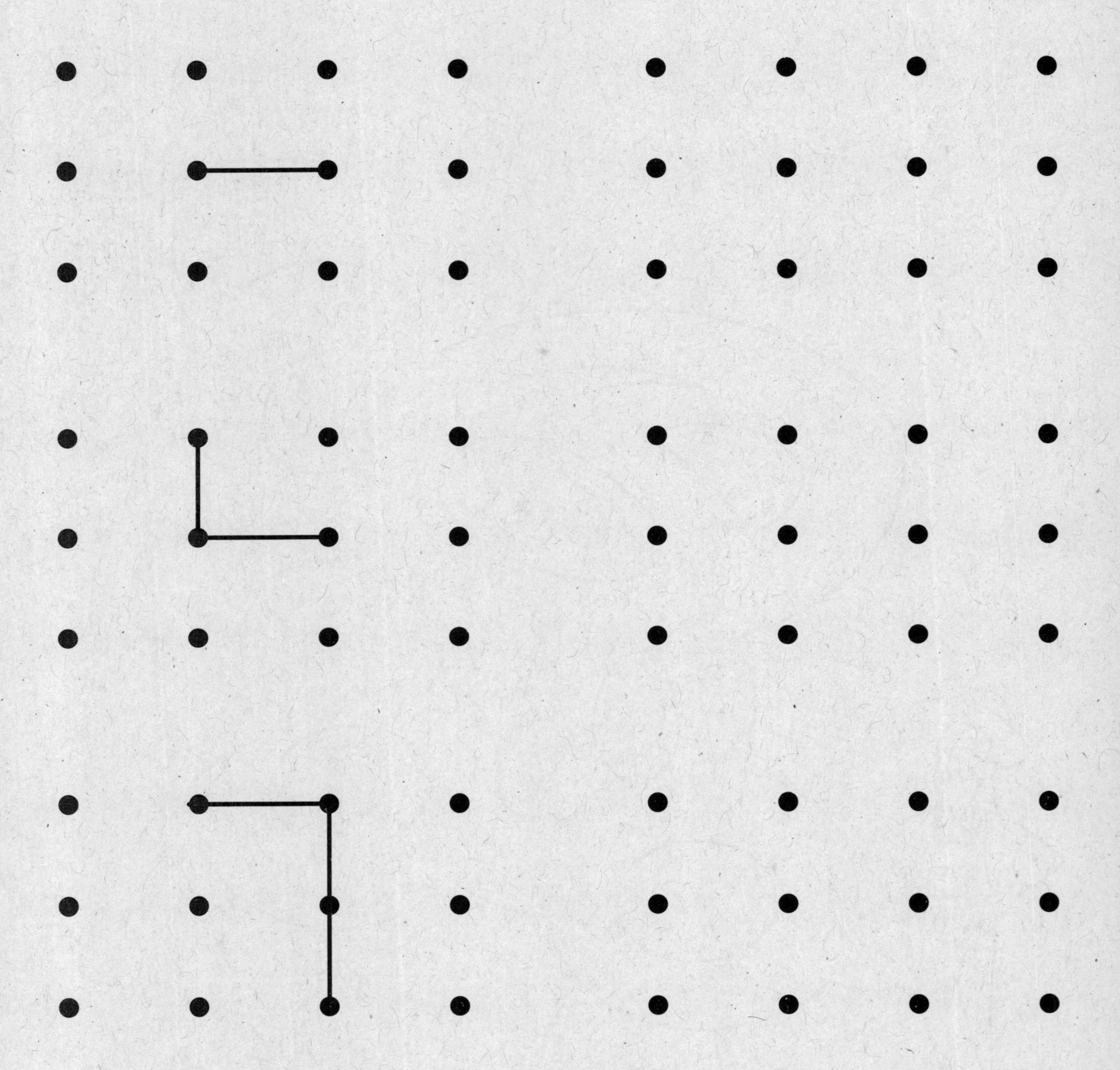

Relaciones espaciales

David está jugando con sus amigos, ayúdalo a encontrar el camino para llegar a su casa sin que lo atrapen.

Relaciones espaciales

Observa el dibujo con atención. Ubica la panadería y el mercado. Marca con color rojo el camino corto de la panadería al mercado. Describe a un adulto el camino que recorriste y después colorea el dibujo.

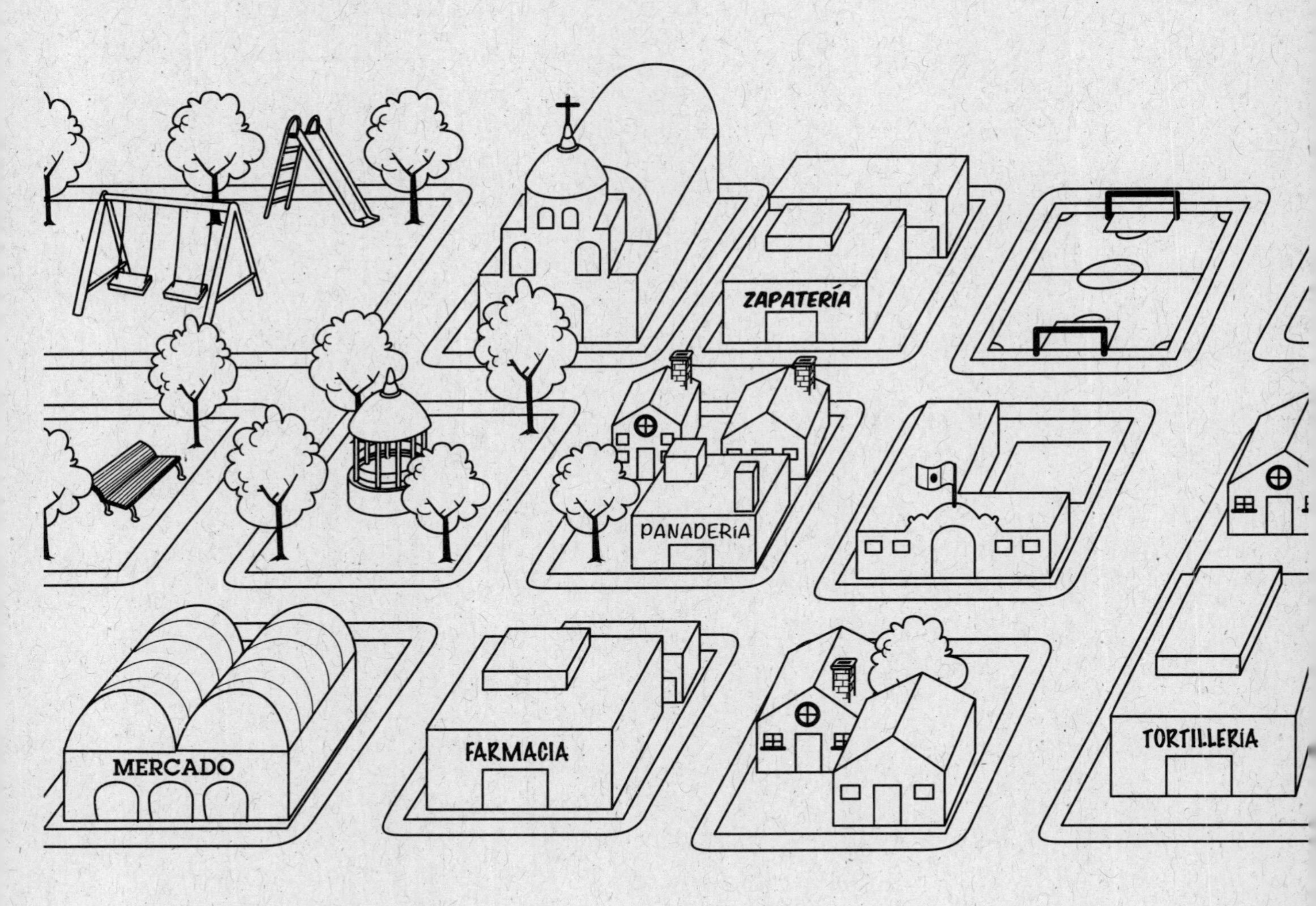

Relaciones espaciales

Observa el dibujo con atención, ubica la jaula de la jirafa y los juegos de parque. Marca con color azul el camino largo de los juegos a la jirafa. Describe a un adulto el camino que recorriste y después colorea el dibujo.

Círculo

Sigue la línea punteada para formar el círculo. Después coloréalo con gis.

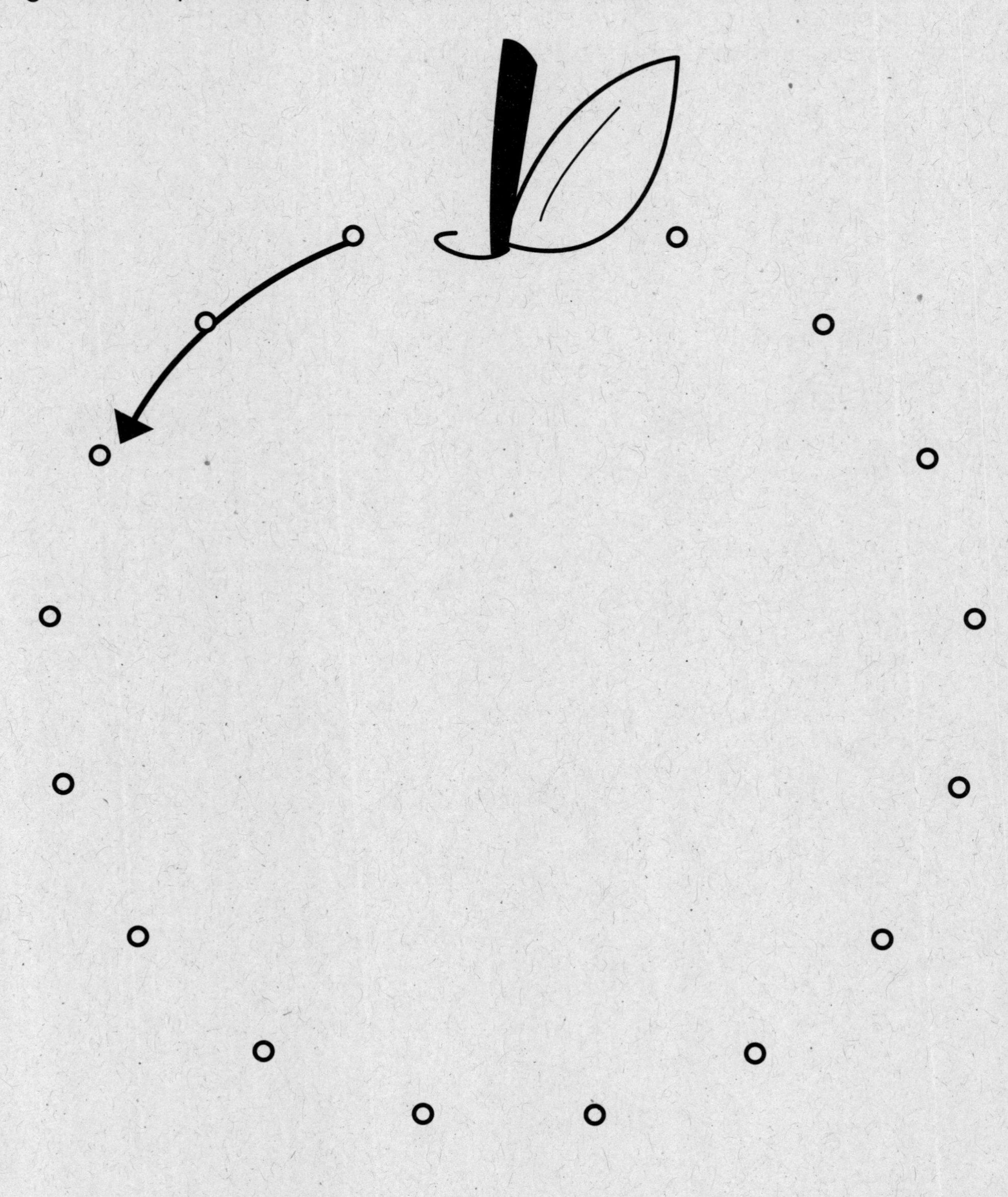

Círculo

Coloca pintura dactilar de tu color favorito y repasa la línea con ella para completar el círculo. Después coloréalo.

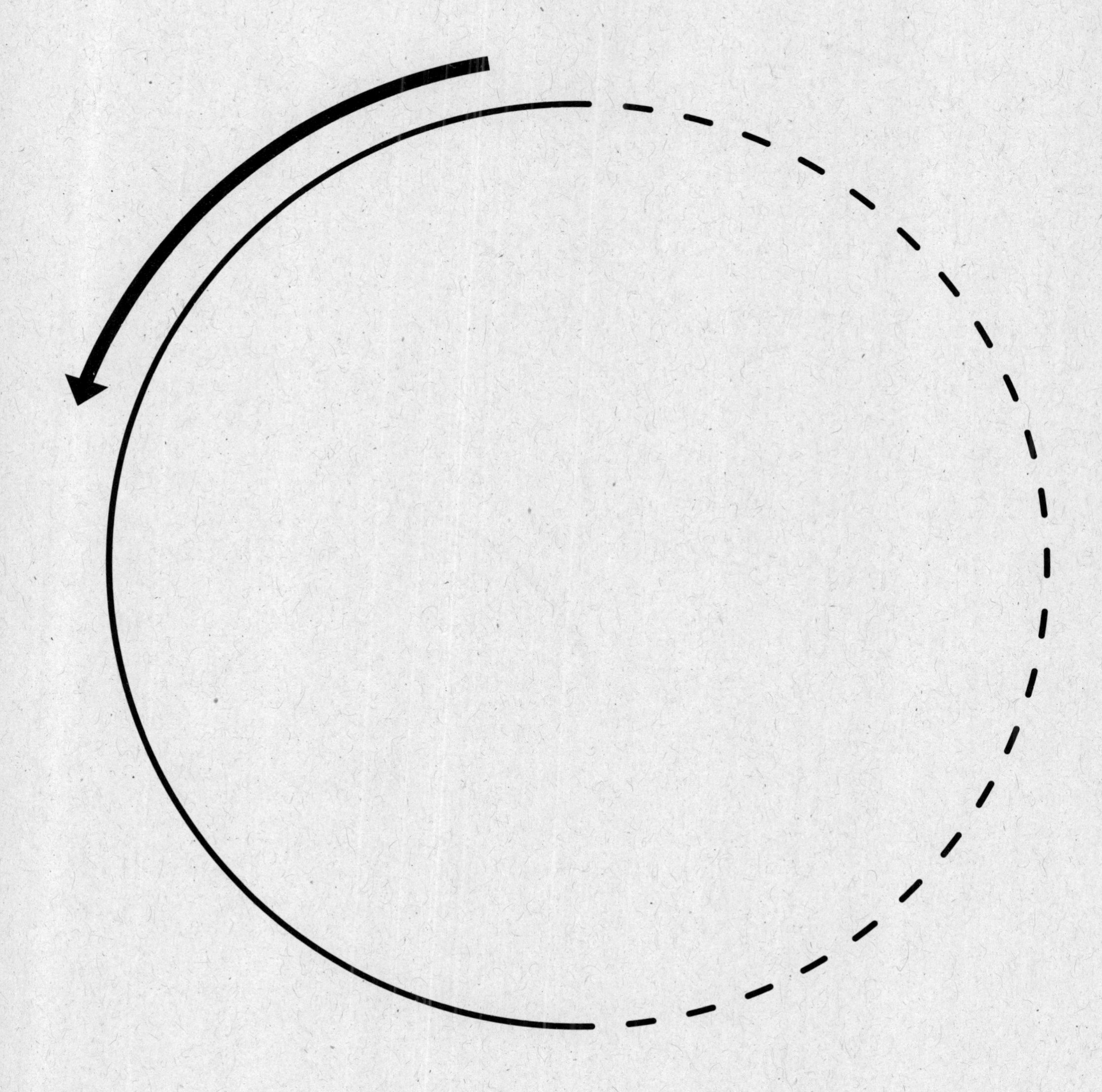

Círculo

Repasa varias veces con colores la línea punteada para completar los círculos.

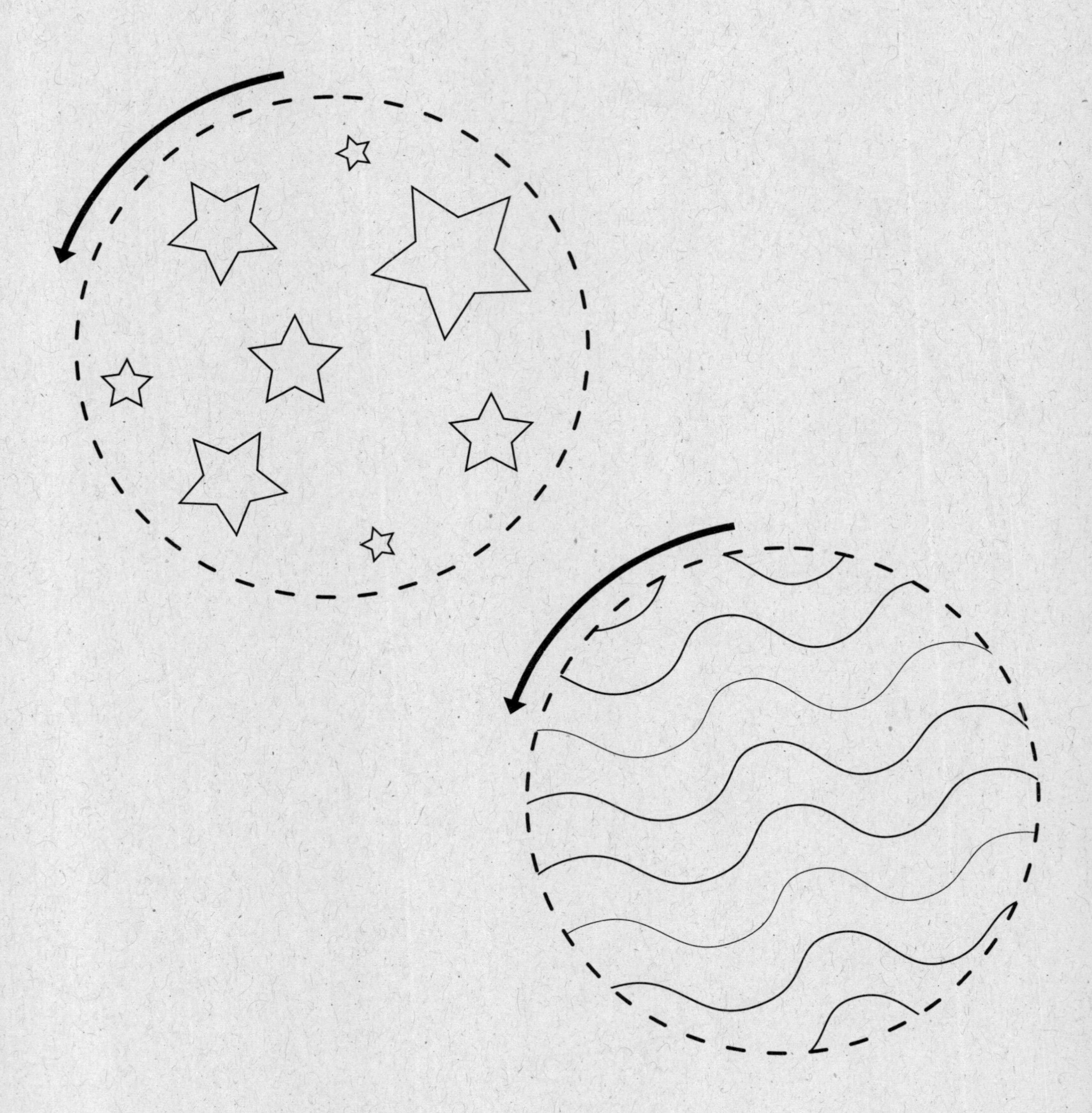

Cuadrado

Sigue la línea punteada para formar el cuadrado. Después coloréalo con gis mojado.

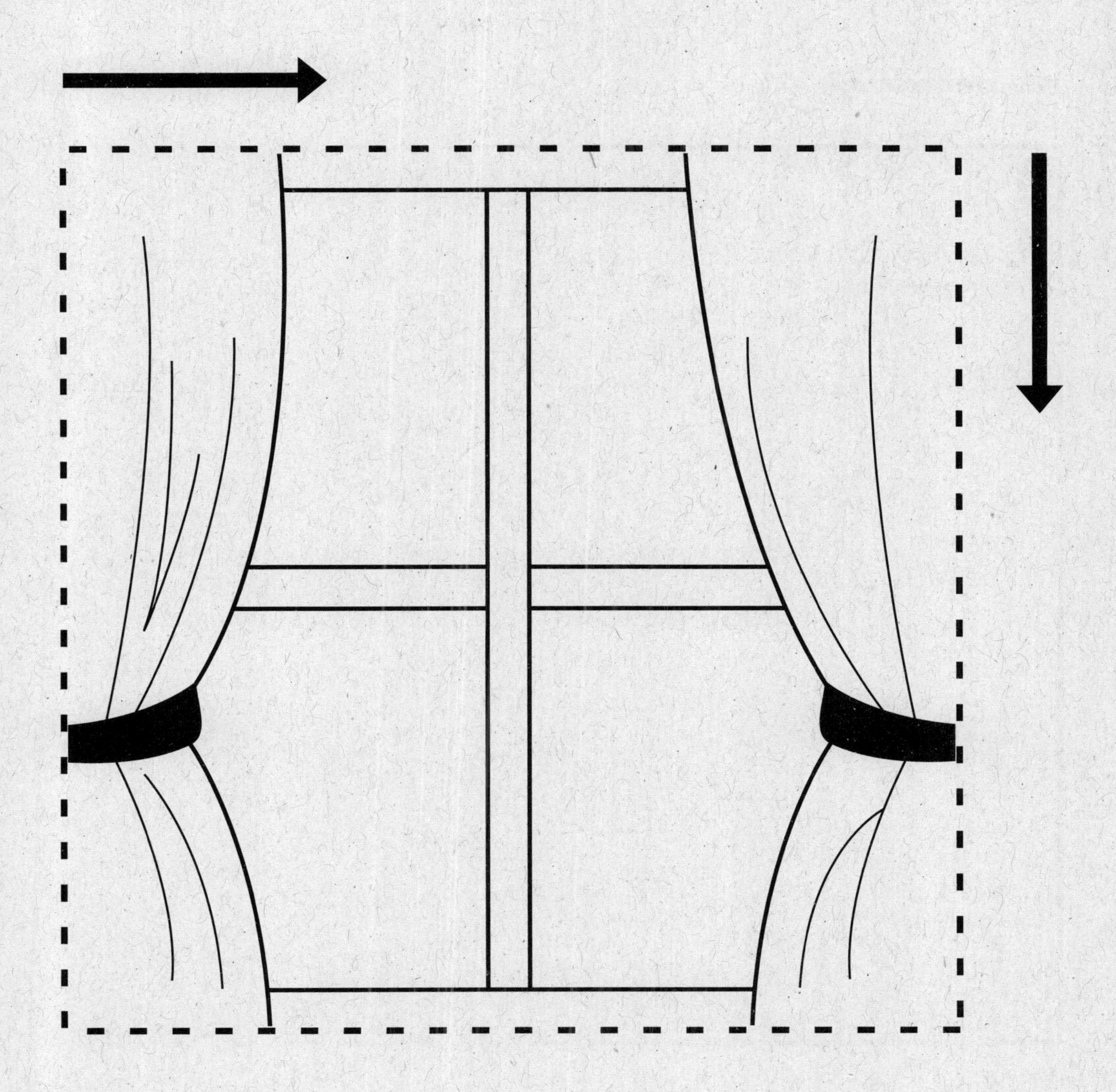

Cuadrado

Usa pintura dactilar azul y repasa la línea con ella para completar el cuadrado. Después coloréalo con crayón.

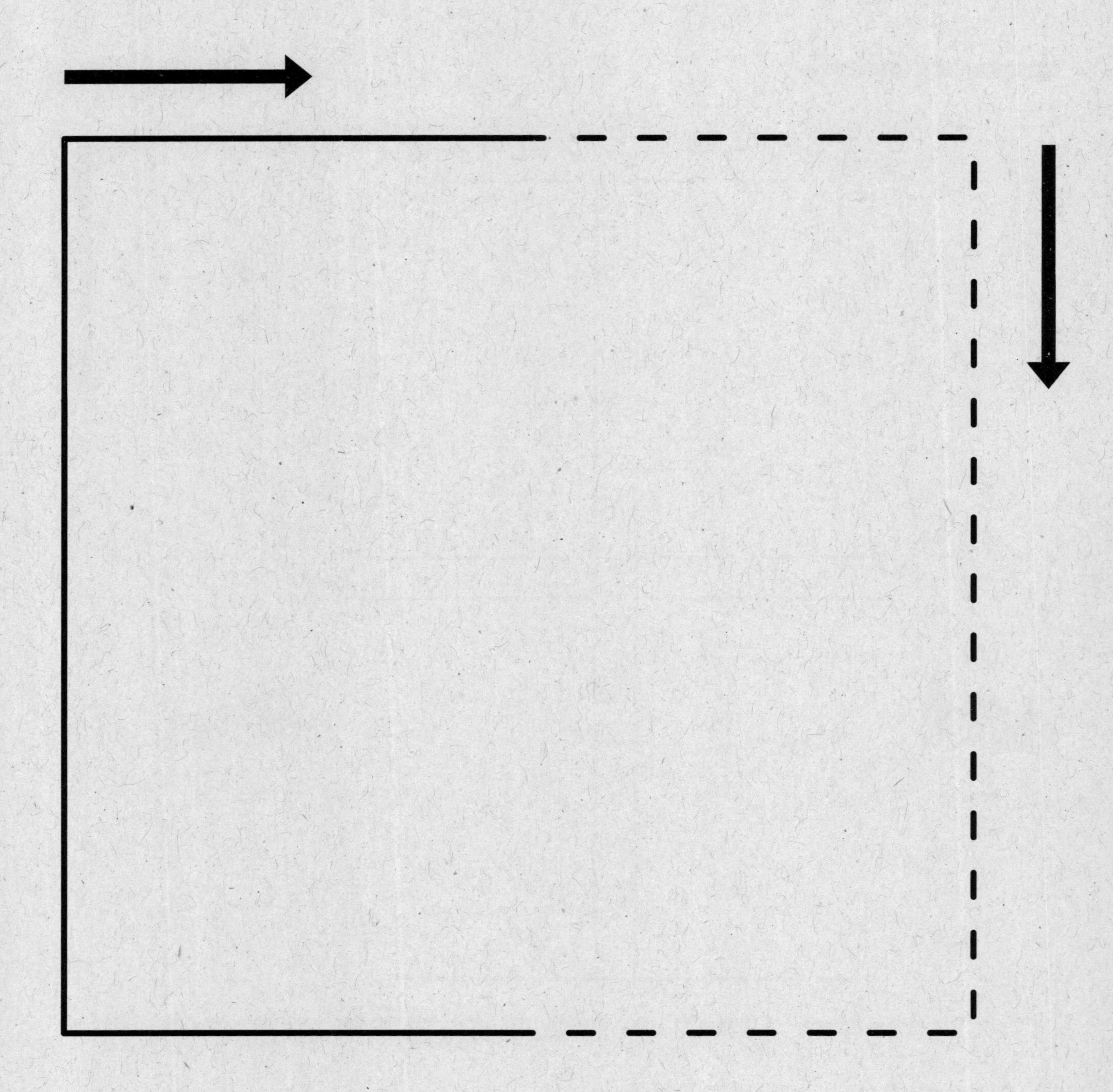

Cuadrado

Repasa varias veces con crayones la línea punteada para completar los cuadrados.

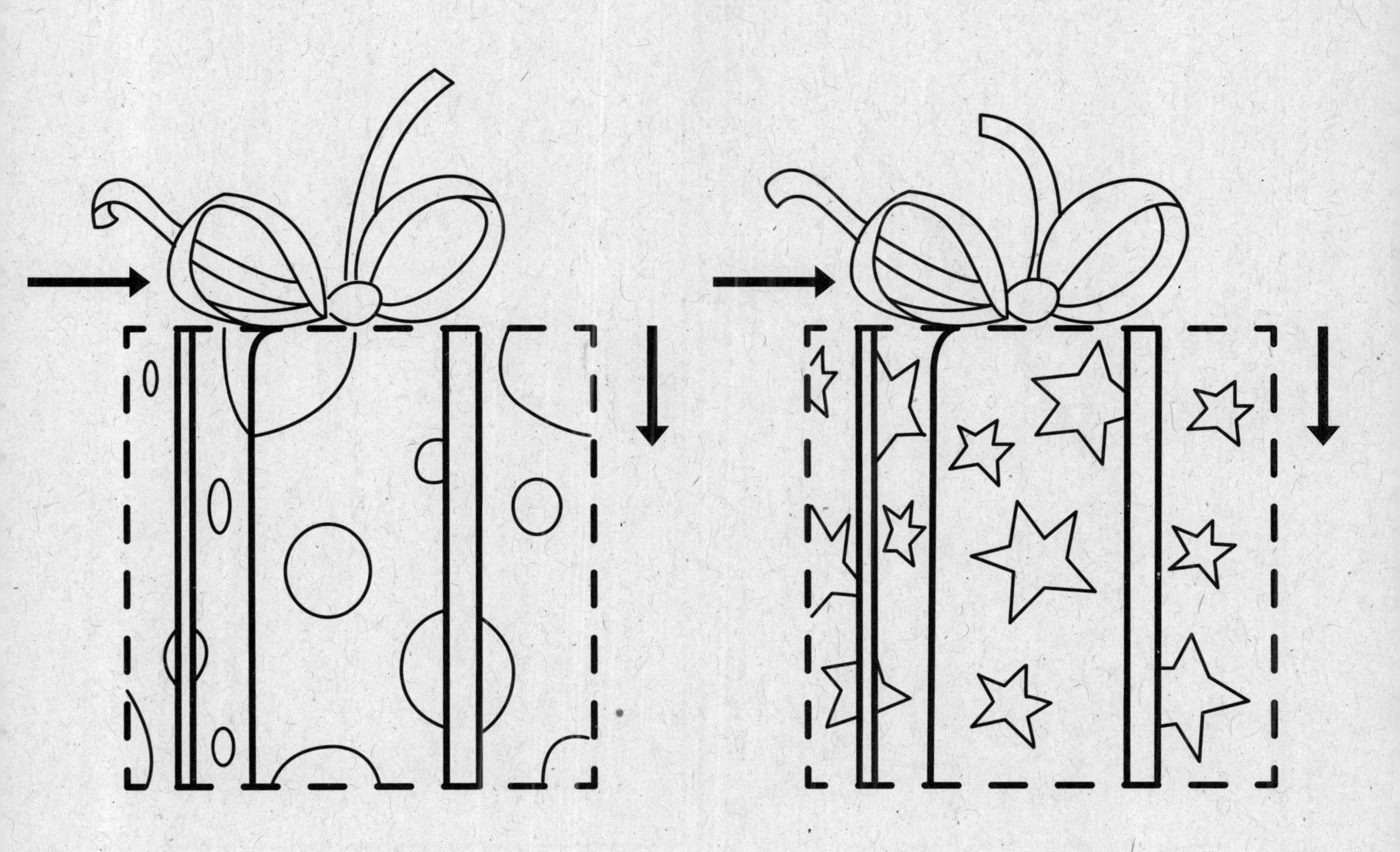

Triángulo

Sigue la línea punteada para formar el triángulo. Después coloréalo con crayones.

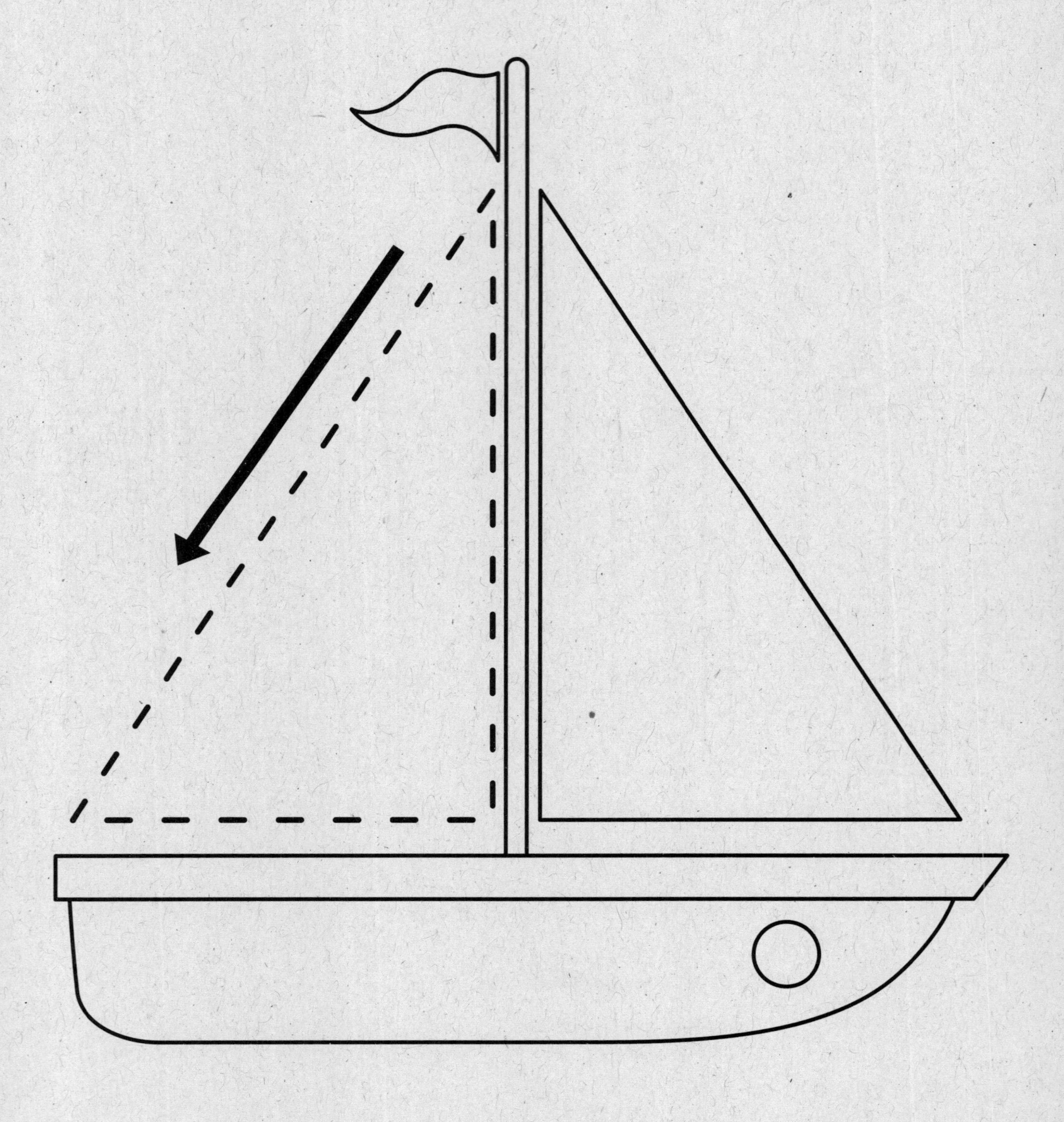

Triángulo

Usa pintura dactilar roja y repasa la línea con ella para completar el triángulo. Después colorea con crayón.

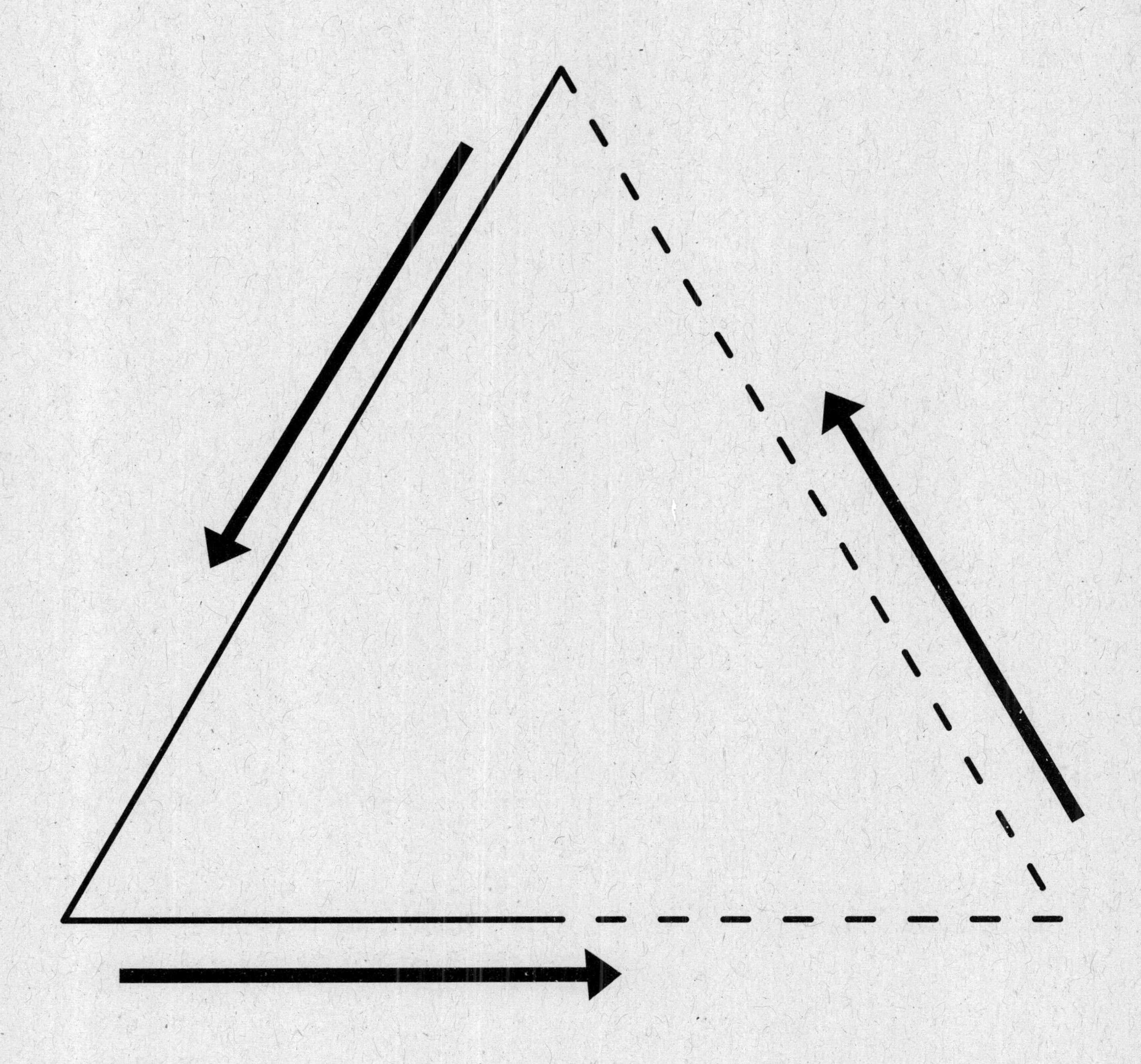

Triángulo

Repasa varias veces con colores la línea punteada para completar los triángulos.

Rectángulo

Sigue la línea punteada para formar el rectángulo. Después coloréalo con pintura dactilar.

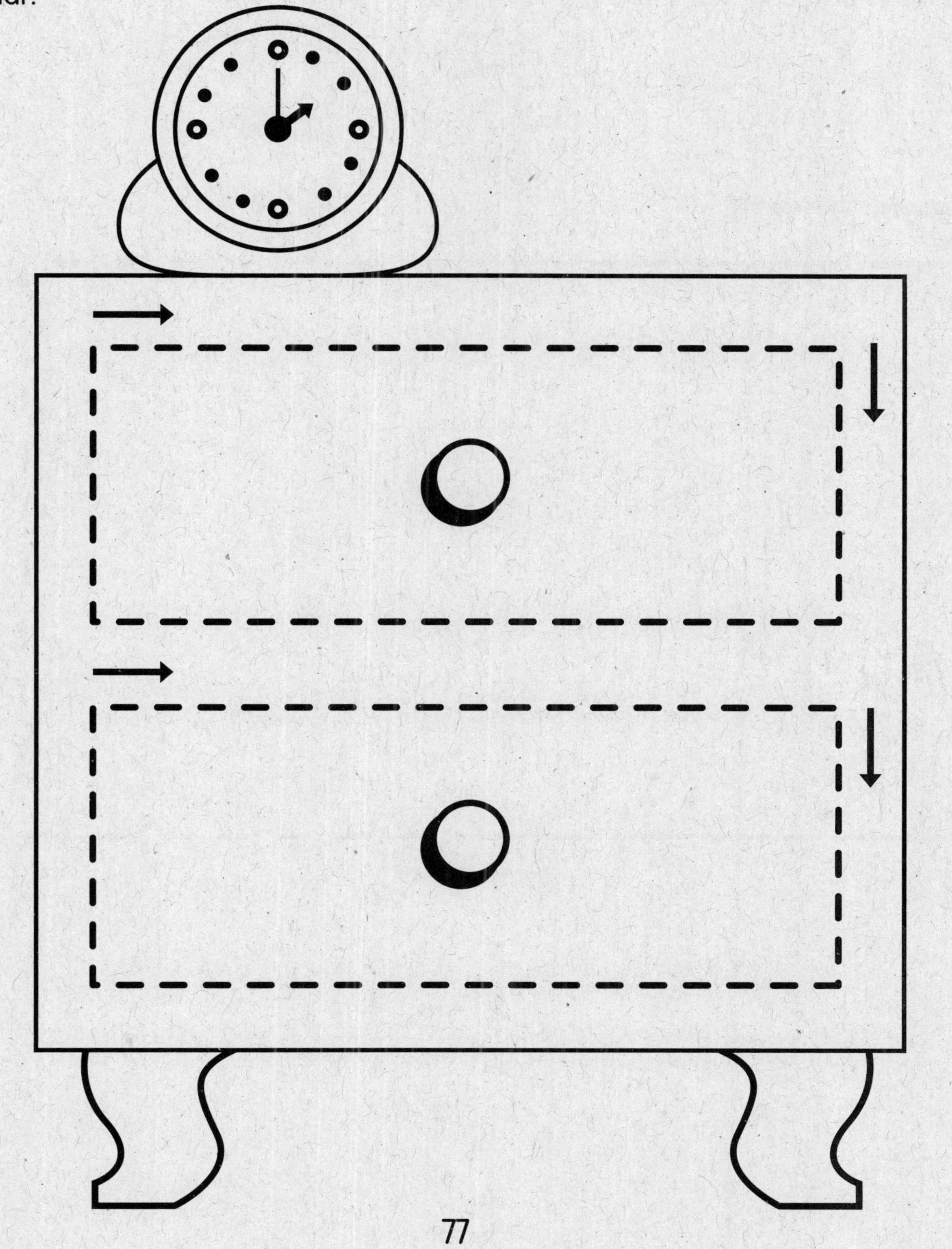

Rectángulo

Usa pintura dactilar verde y repasa la línea con ella para completar el rectángulo. Después coloréalo con crayón.

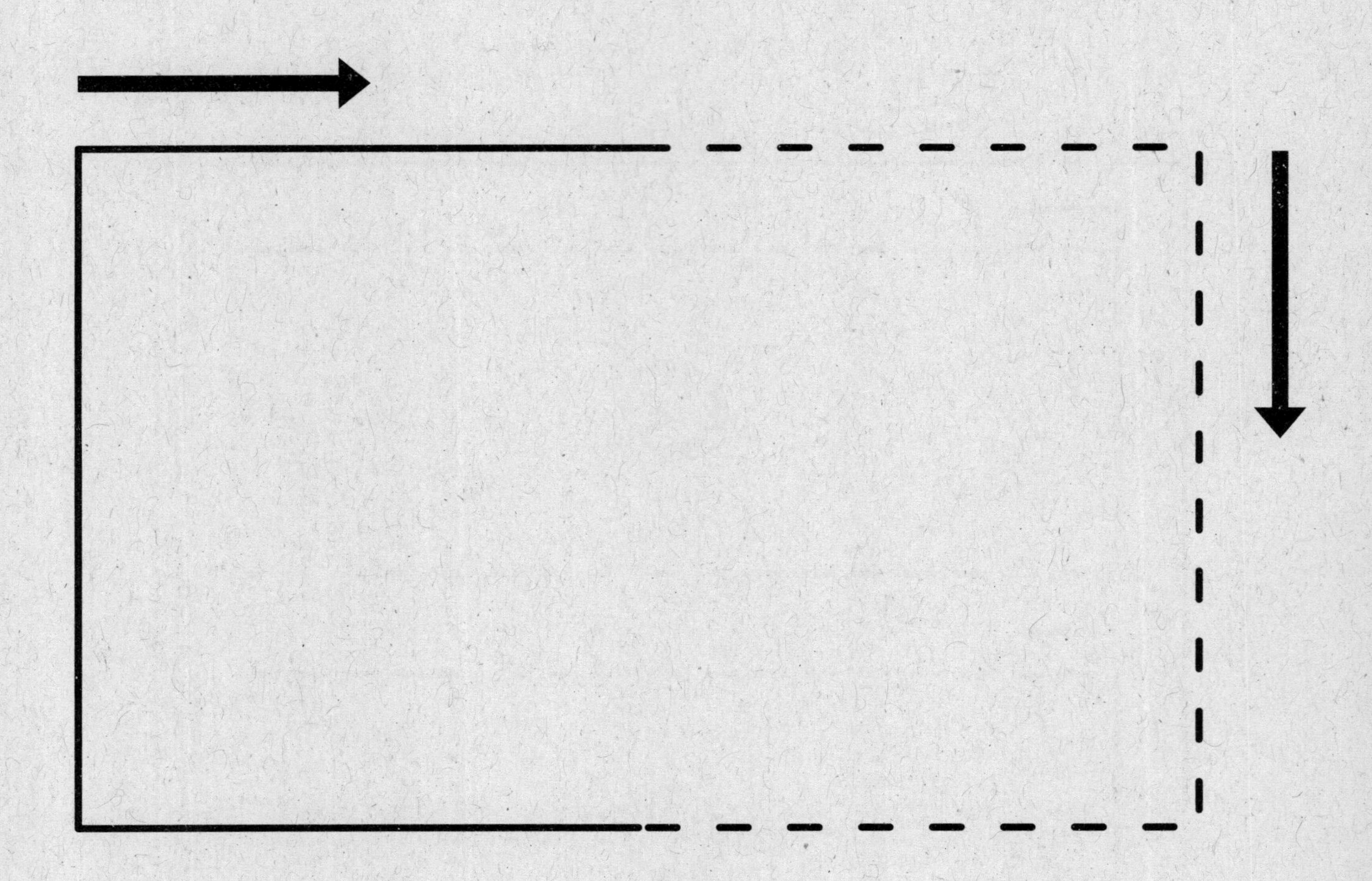

Rectángulo

Repasa varias veces con colores la línea punteada para completar los rectángulos.

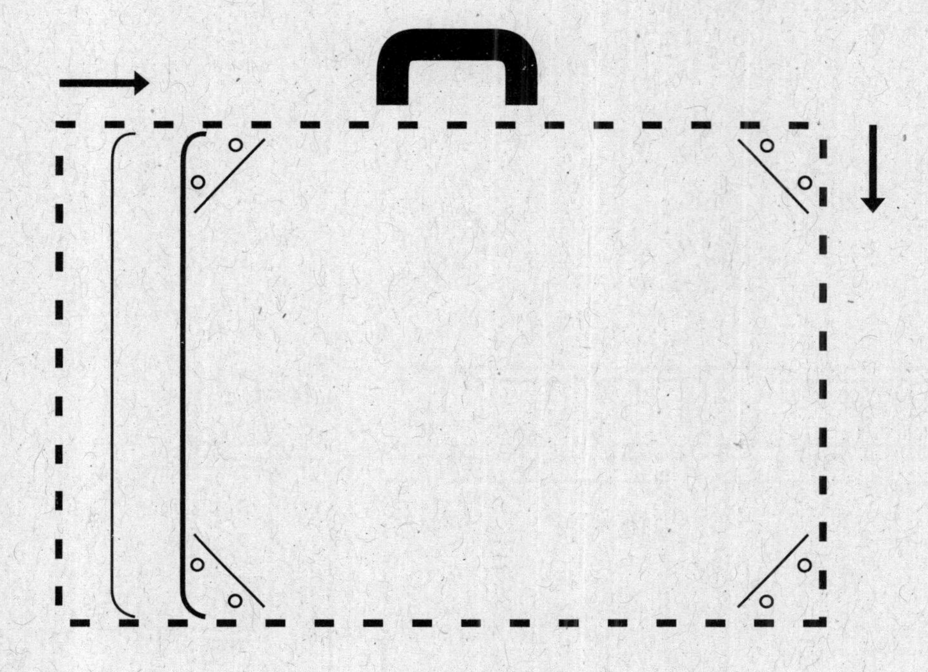

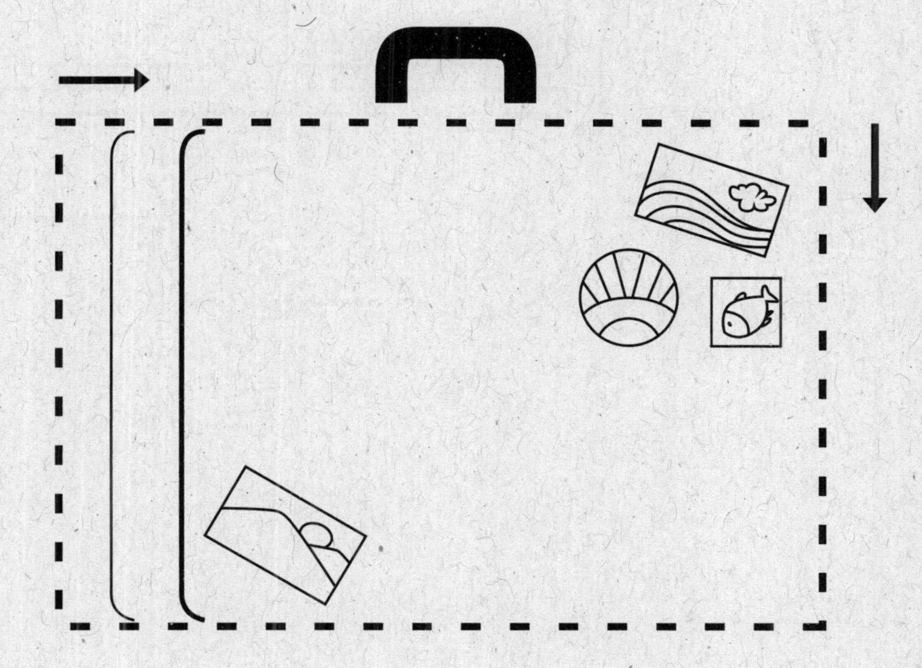

Repaso

Pide a un adulto que te dé 2 cuadrados, 4 círculos y un rectángulo de papel o de plástico y colócalos donde corresponde. Después colorea los cuadrados de azul, los círculos de negro y el rectángulo de rojo.

Repaso

Observa el dibujo. Colorea los triángulos de color azul, los círculos de amarillo y los cuadrados de color café.

Uno

Remarca con tu dedo el número **1** siguiendo las flechas y después píntalo con plumón haciendo punteado.

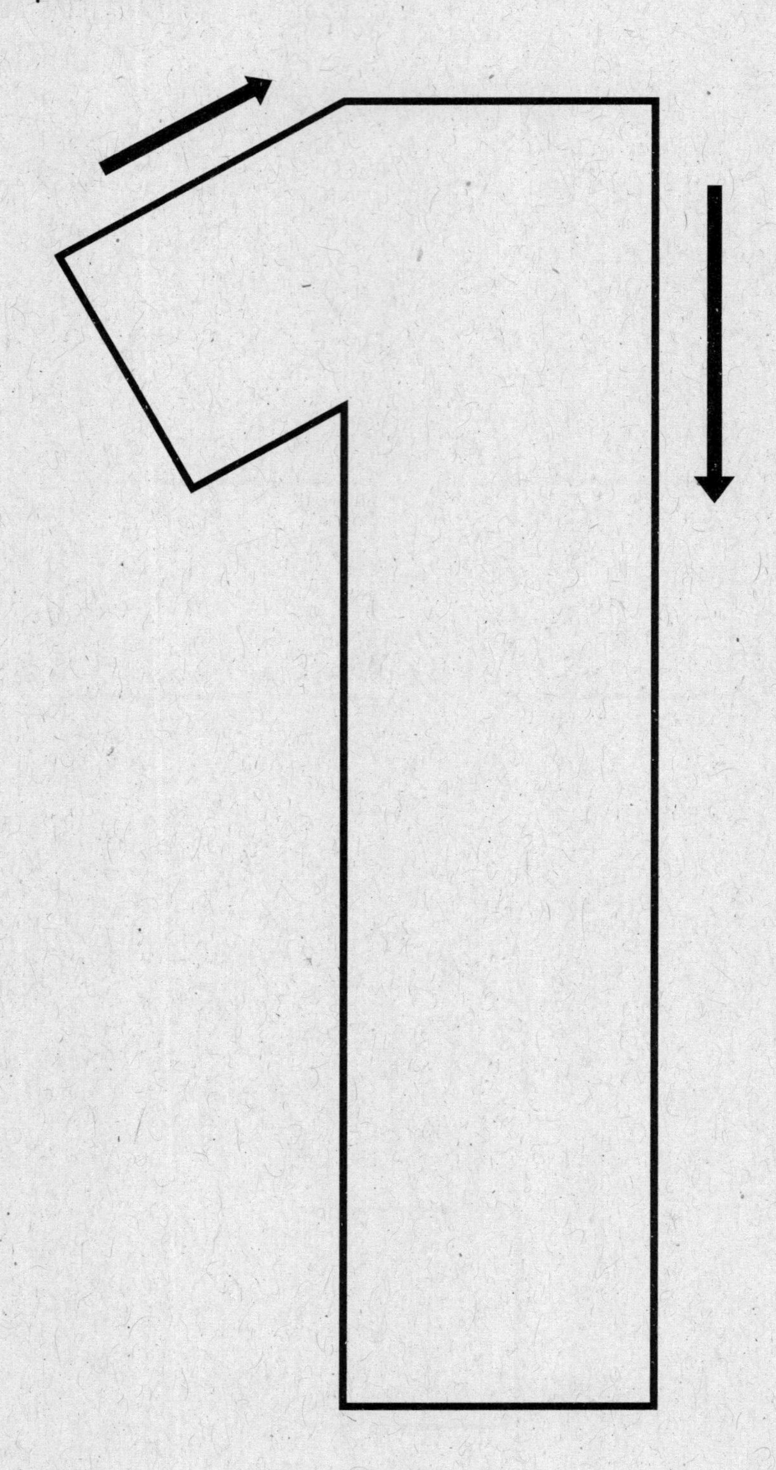

Uno

Aquí hay **1** tren para jugar. Coloca pintura de color verde en tu dedo índice y traza el número **1** siguiendo la línea punteada. Después colorea el tren.

Uno

Remarca con crayón los números **1** siguiendo la flecha y repite su nombre. Después colorea a la niña que está sosteniendo **1** globo.

Uno

Traza el número **1** y dibújale una boca a este niño.

Dos

Remarca con tu dedo el número **2** siguiendo las flechas y después píntalo con gis mojado.

Dos

Este helado tiene **2** bolas. Coloca pintura de color azul en tu dedo índice y traza el número **2** siguiendo la línea punteada. Después colorea las **2** bolas de acuerdo a tu sabor favorito.

Dos

Remarca con crayón los números **2** siguiendo la flecha y repite su nombre. Después colorea al animal que tiene **2** patas.

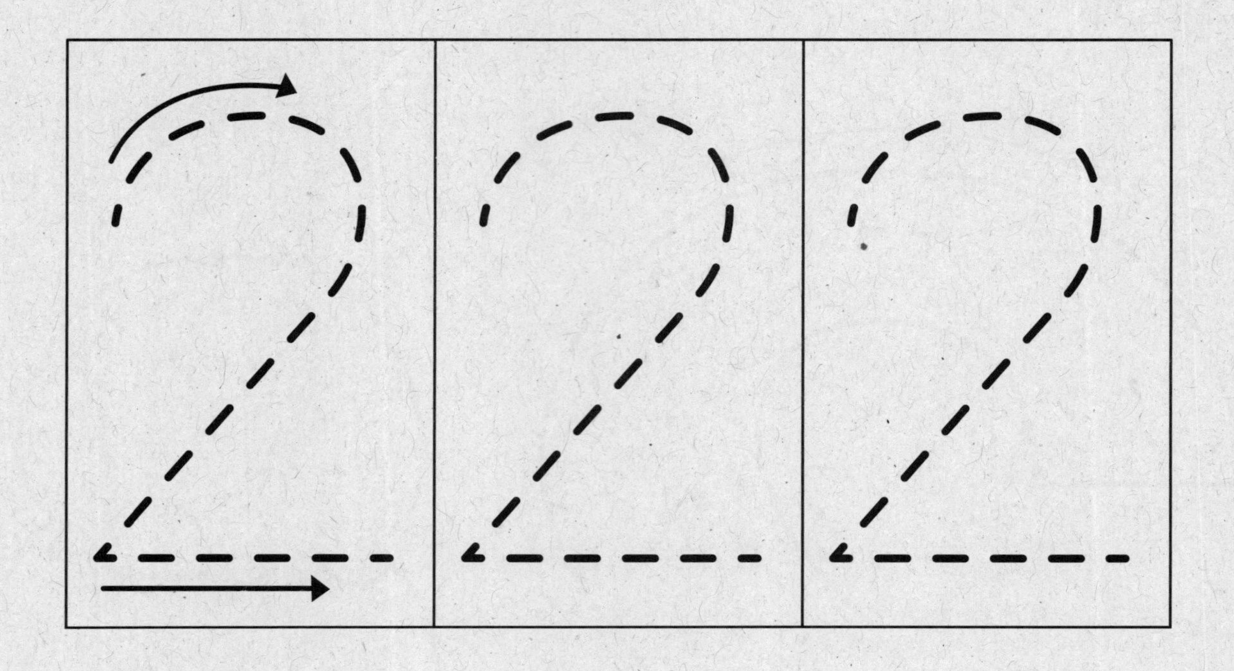

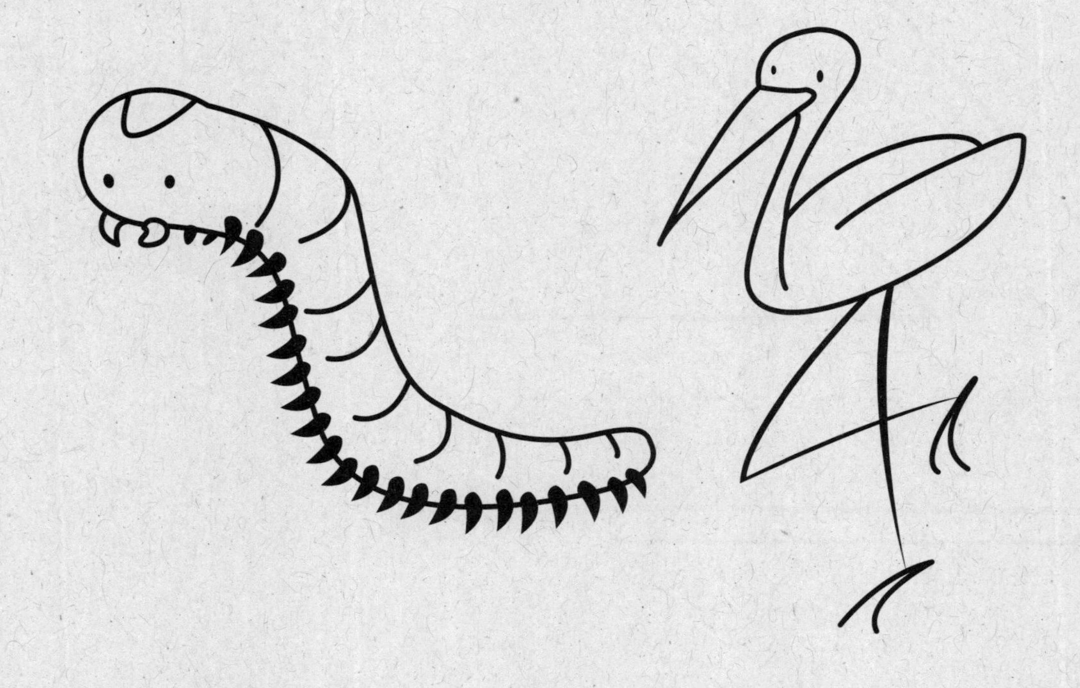

Dos

Traza el número **2** y dibújale dos ojos a este búho.

Tres

Remarca con tu dedo el número **3** siguiendo las flechas y después diluye un poco de café soluble y con eso píntalo.

Tres

Este triciclo tiene **3** ruedas. Coloca pintura de color rosa en tu dedo índice y traza el número **3** siguiendo la línea punteada. Después colorea las ruedas.

Tres

Remarca con crayón los números **3** siguiendo la flecha y repite su nombre.
Después colorea el bote que tiene **3** colores.

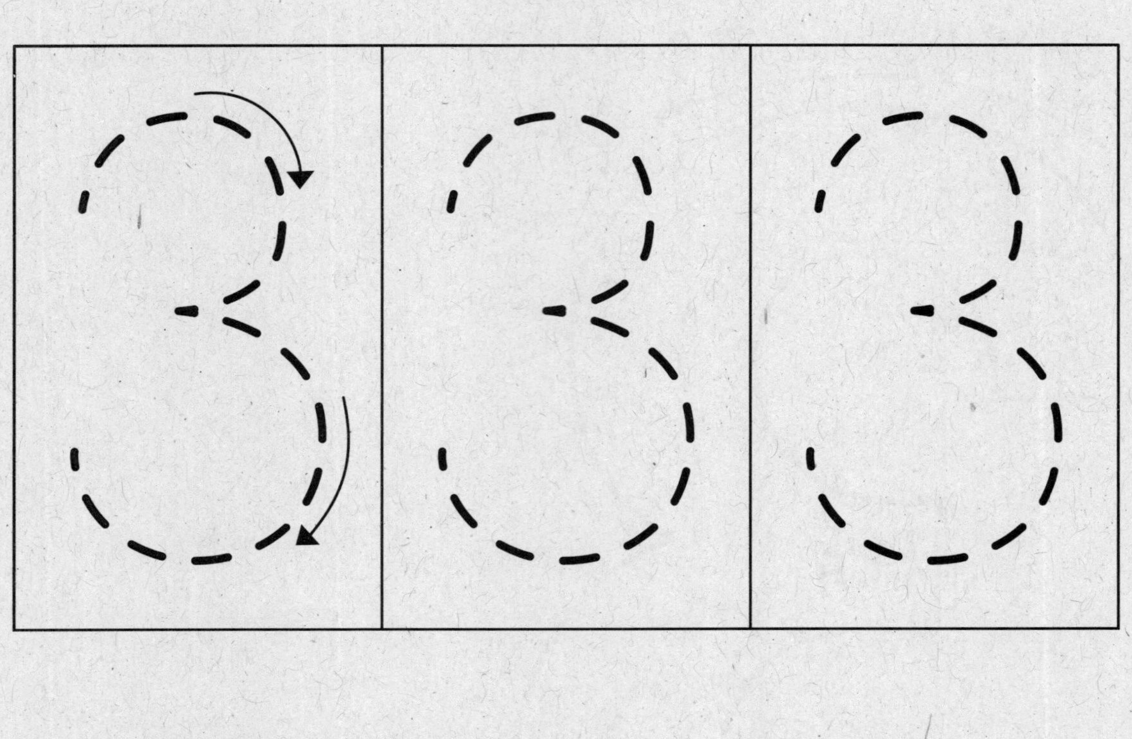

Tres

Traza el número **3** y dibuja los **3** bigotes que le faltan al gato.

Cuatro

Marca con tu dedo el número **4** siguiendo las flechas y después coloréalo con colores; remarca la orilla con tono fuerte y el interior con un tono suave.

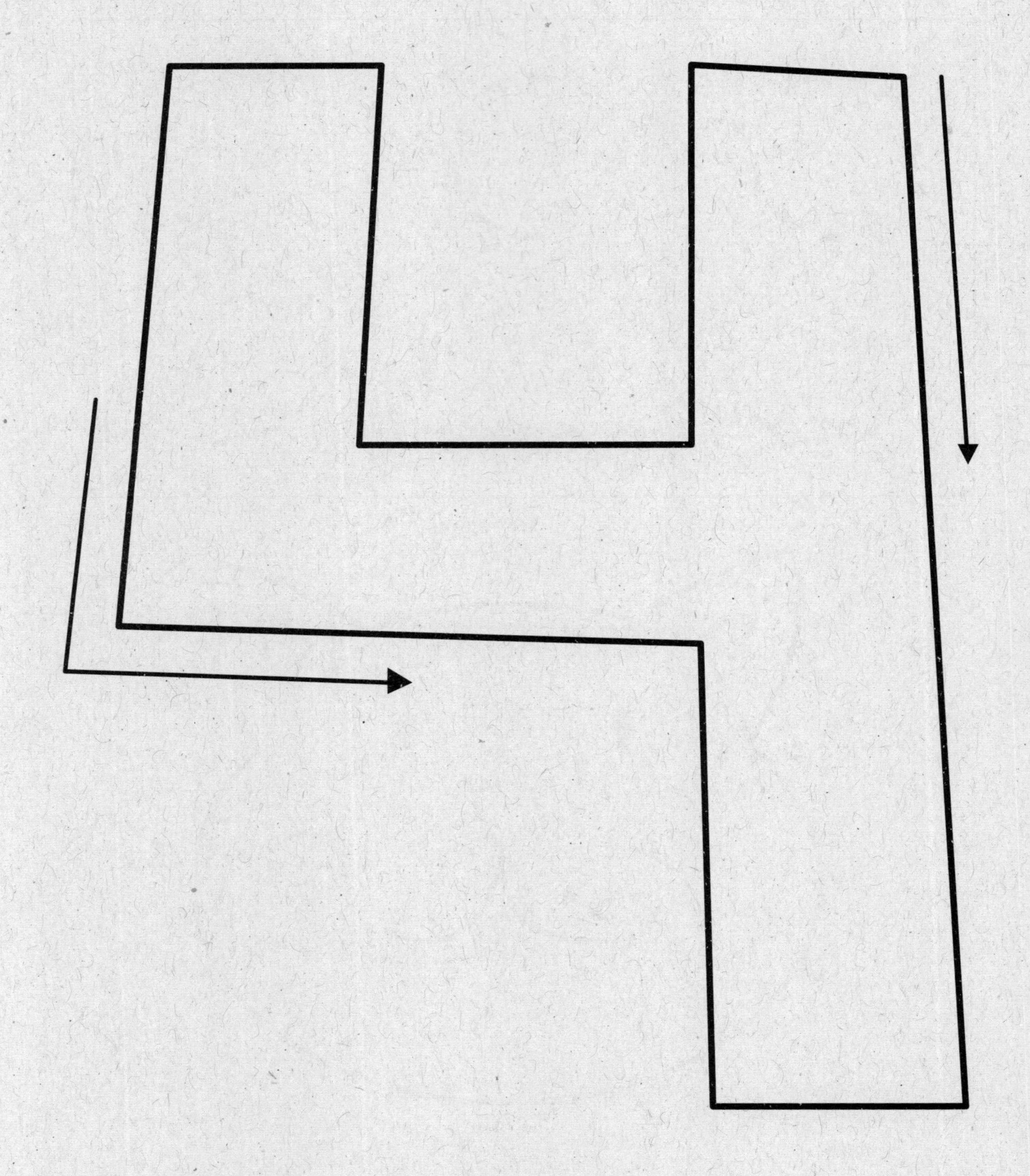

Cuatro

Esta jirafa tiene **4** patas. Coloca pintura de color amarillo en tu dedo índice y traza el número **4** siguiendo la línea punteada. Después colorea la jirafa.

Cuatro

Remarca con crayón los números **4** siguiendo la flecha y repite su nombre.
Después colorea la casa que tiene **4** ventanas.

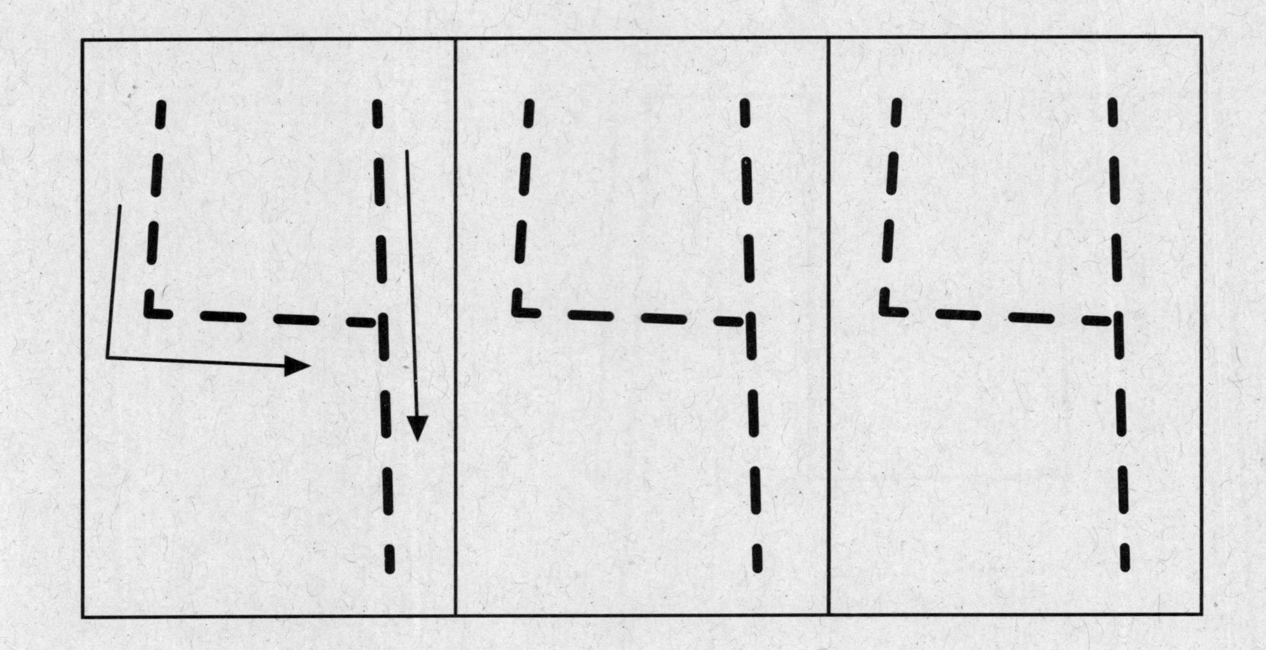

Cuatro

Traza el número **4** y dibuja las **4** patas que le hacen falta a esta silla.

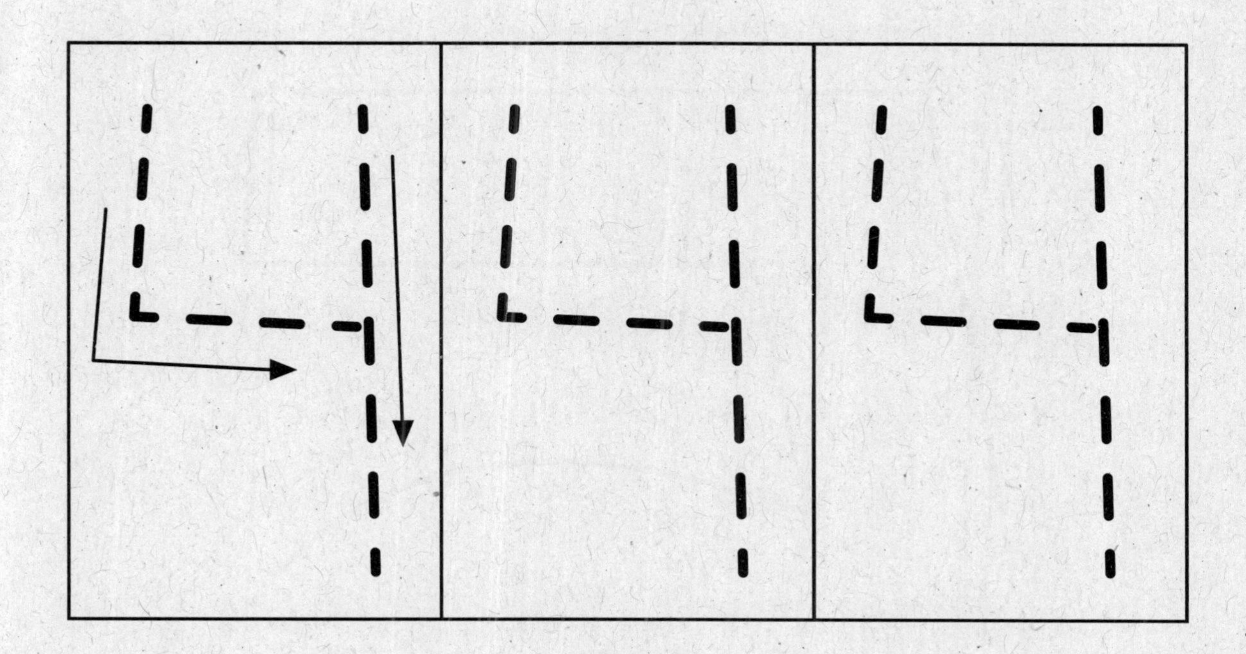

Cinco

Remarca con tu dedo el número **5** siguiendo las flechas y después píntalo con acuarelas.

Cinco

Aquí hay 5 dulces. Coloca pintura de color rojo en tu dedo índice y traza el número 5 siguiendo la línea punteada. Después coloréalos.

Cinco

Remarca con crayón los números **5** siguiendo la flecha y repite su nombre.
Después colorea el hongo que tiene **5** puntos.

Cinco

Traza el número **5** y dibuja **5** rayas para adornar esta corbata.

Repaso

Encierra varias veces en un círculo rojo el número **1** y de azul el número **2**. Guíate con el ejemplo.

Repaso

Colorea con crayones de color verde donde veas el número **3** y de color azul donde veas el número **4**.

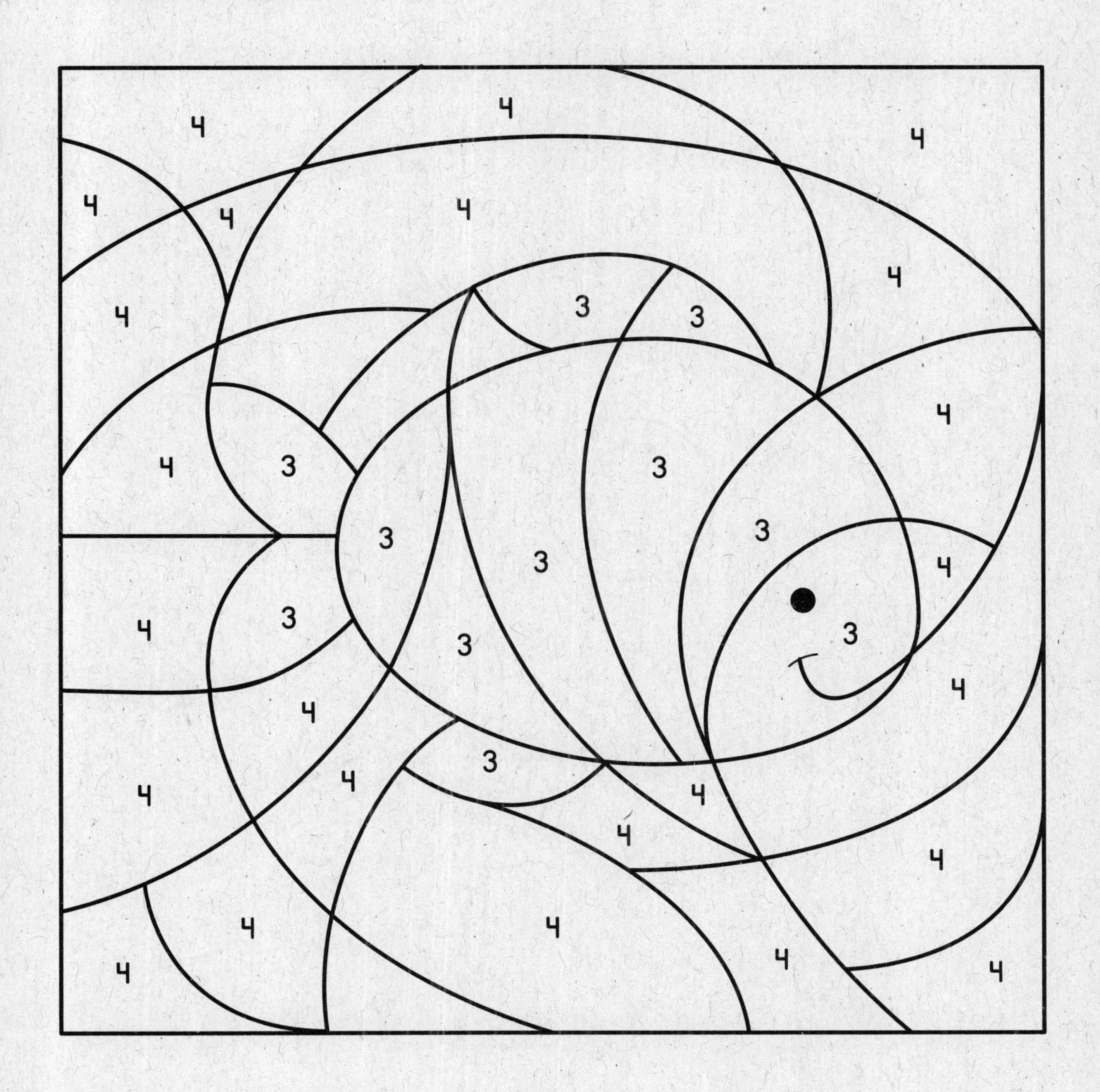

Repaso

Une los puntos siguiendo los números del **1** al **5** y encontrarás una nave espacial. Después coloréala.

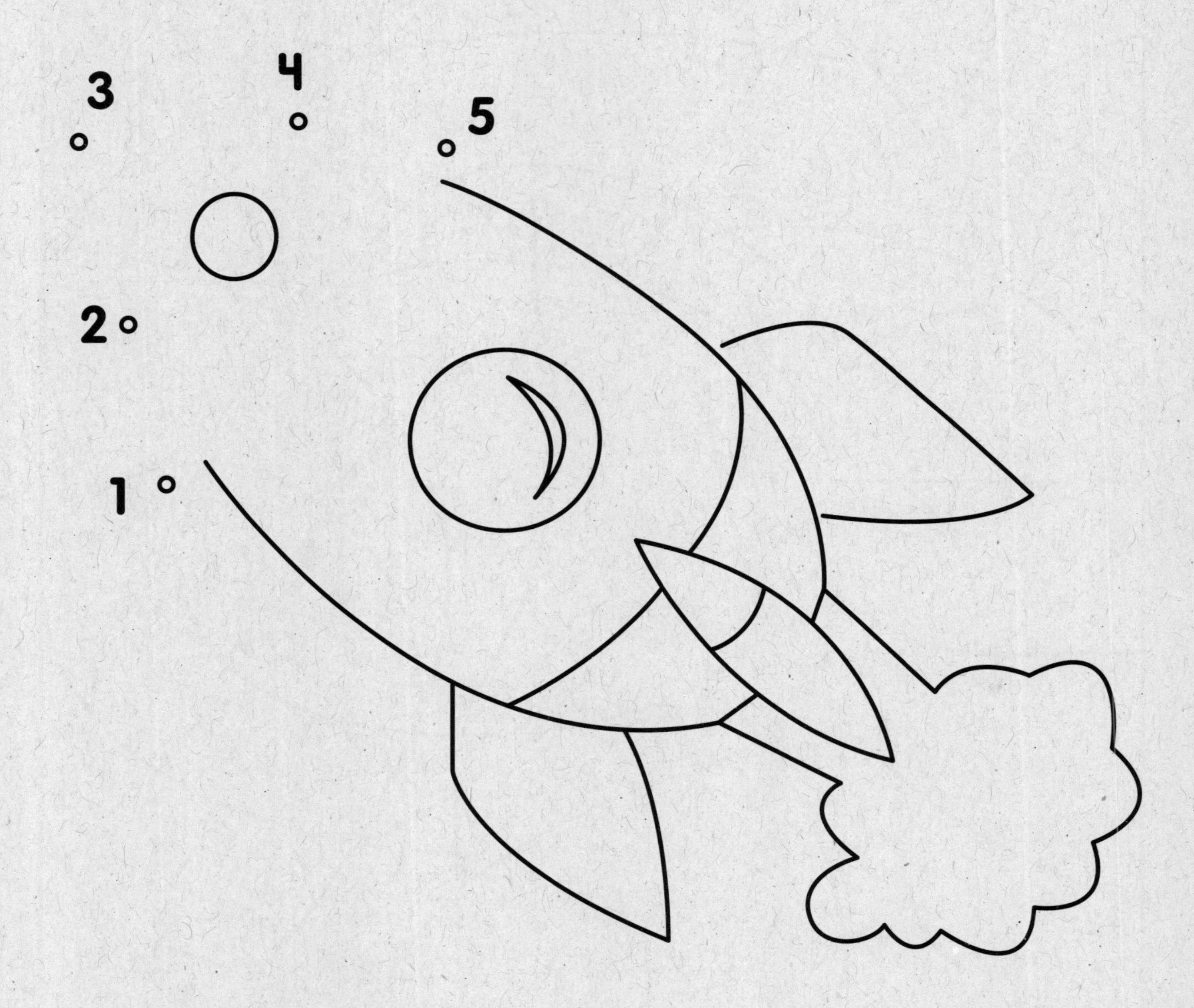

Repaso

Colorea el número de cuadros que se te indica.

1	2	3	4	5

Seis

Remarca con tu dedo el número **6** siguiendo las flechas y después píntalo con plumón haciendo punteado.

Seis

En este parque hay **6** árboles. Coloca pintura de color morado en tu dedo índice y traza el número **6** siguiendo la línea punteada. Después coloréalos.

Seis

Remarca con crayón los números **6** siguiendo la flecha y repite su nombre.
Después colorea el mueble que tiene **6** cajones.

Seis

Remarca con crayón los números **6** siguiendo la flecha. Después dibújale **6** semillas a esta rica sandía.

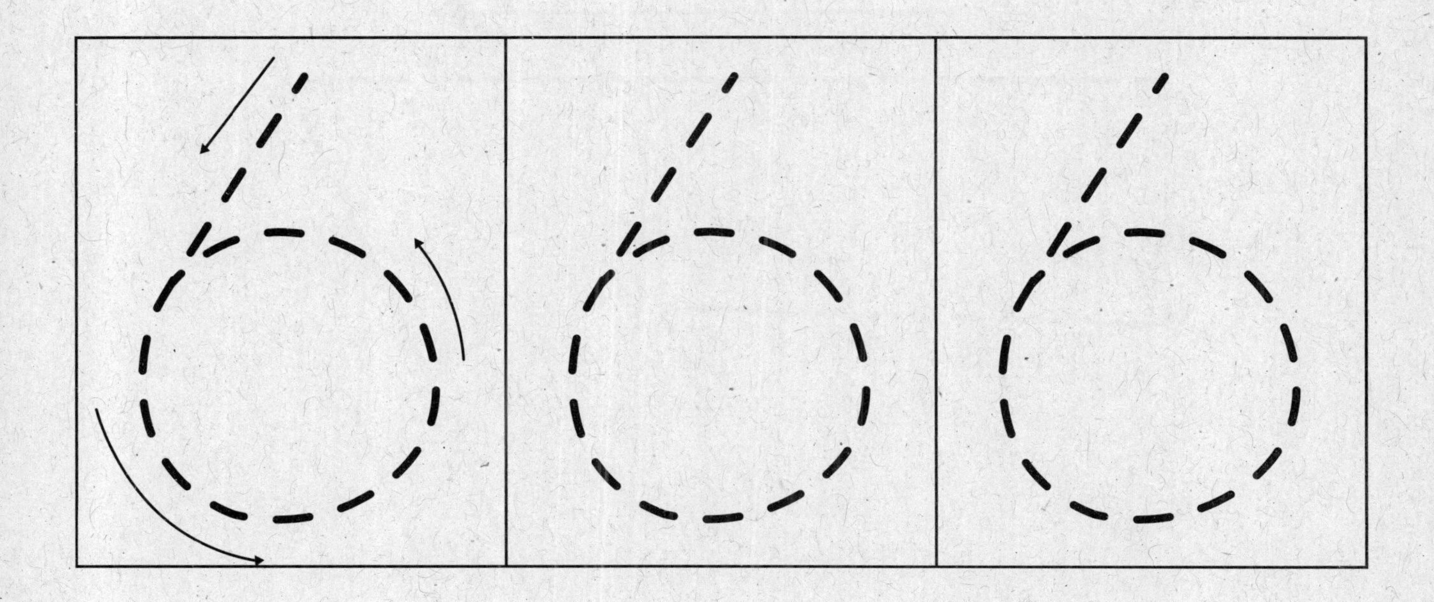

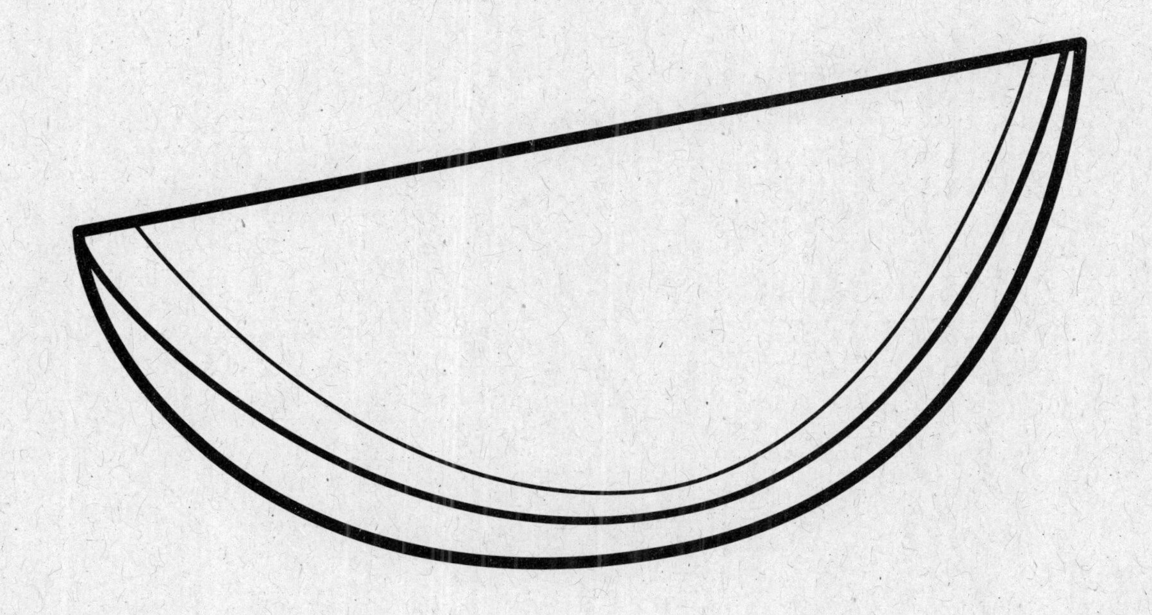

Siete

Remarca con tu dedo el número **7** siguiendo las flechas. Después diluye un poco de café soluble y con eso píntalo.

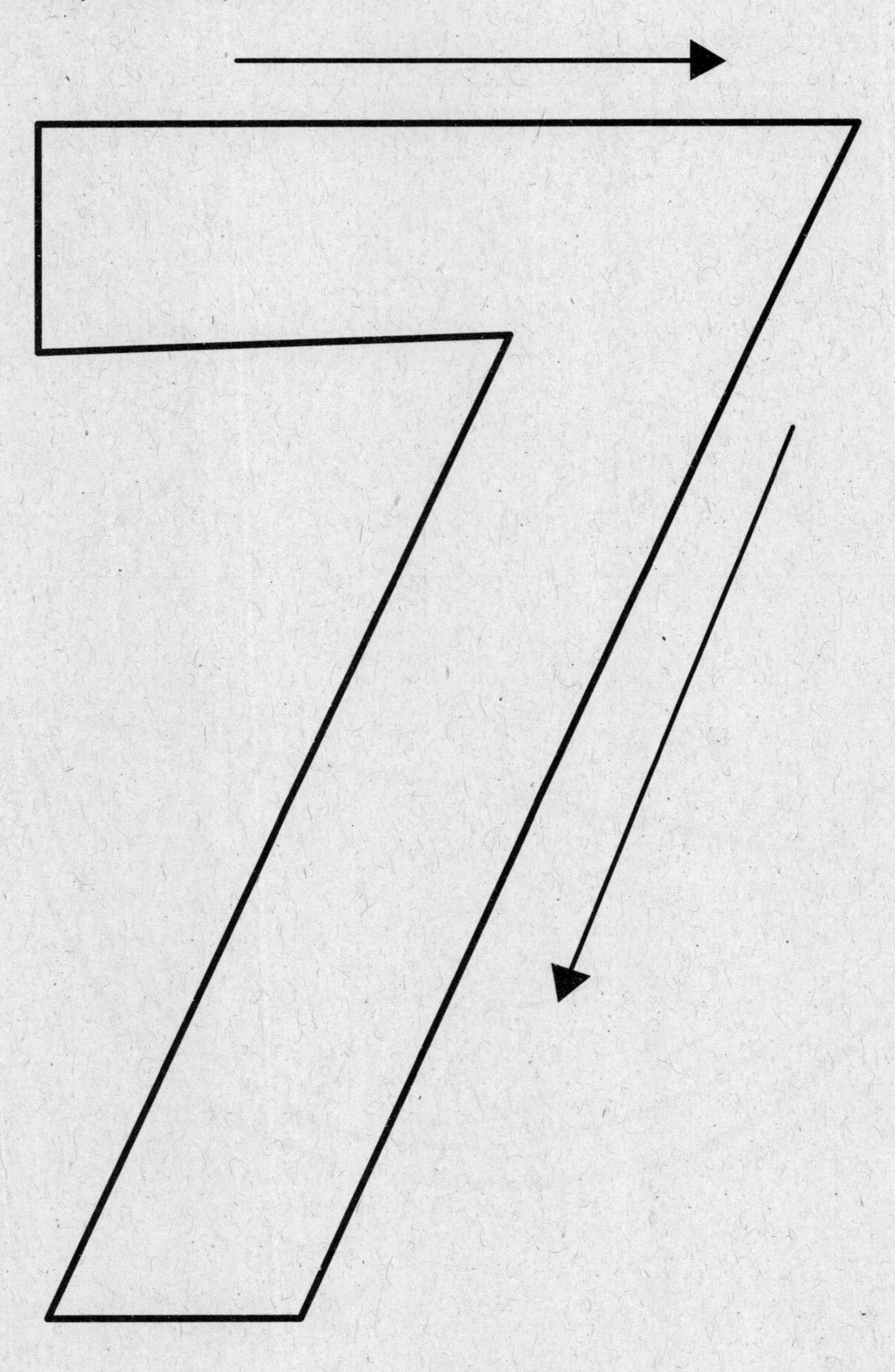

Siete

En este lago hay **7** patos. Coloca pintura de color amarillo en tu dedo índice y traza el número **7** siguiendo la línea punteada. Después coloréalos.

Siete

Remarca con crayón los números **7** siguiendo la flecha y repite su nombre. Después colorea el librero que tiene **7** cuentos.

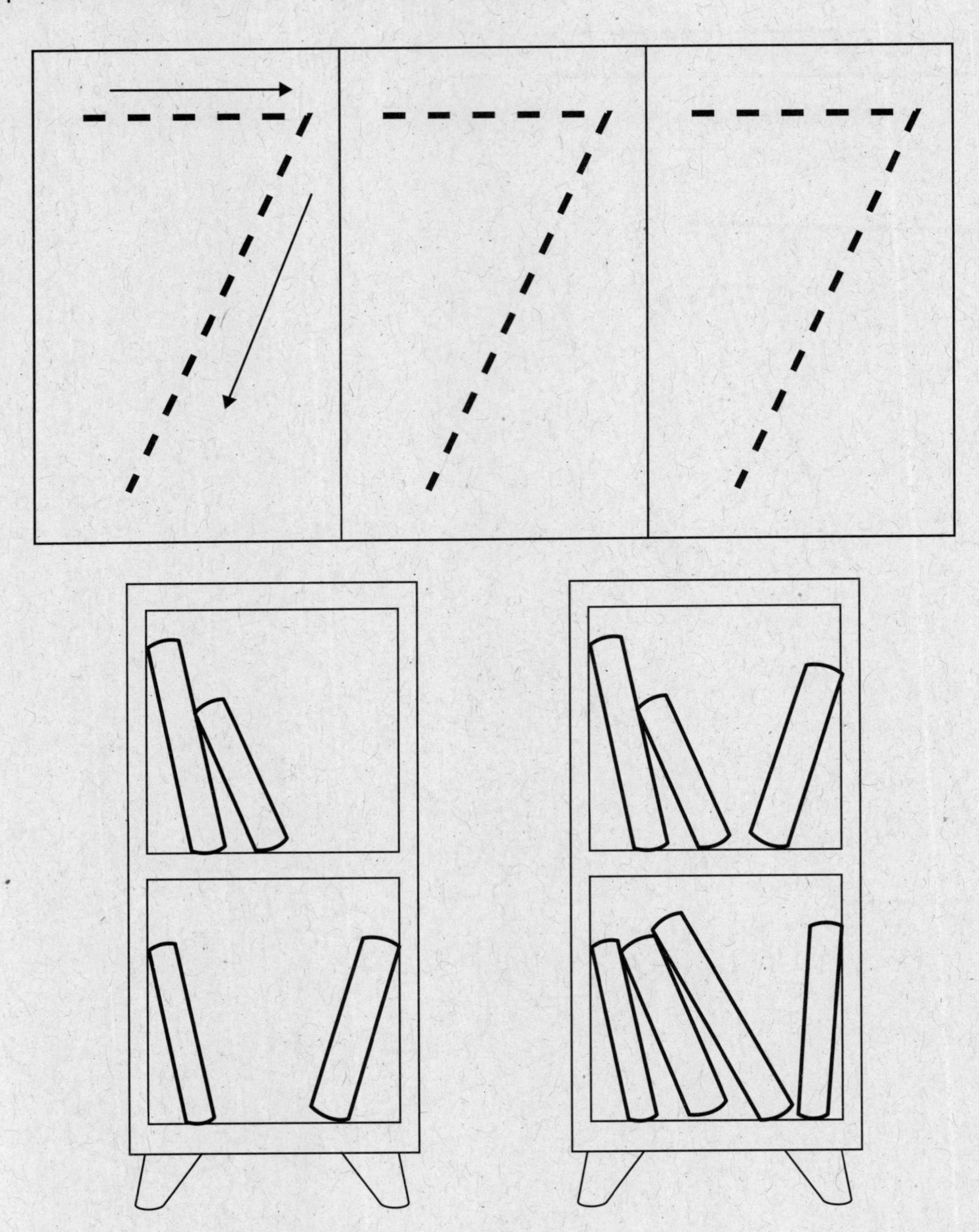

Siete

Remarca con crayón los números **7** siguiendo la flecha y repite su nombre.
Después dibuja **7** círculos para decorar el moño.

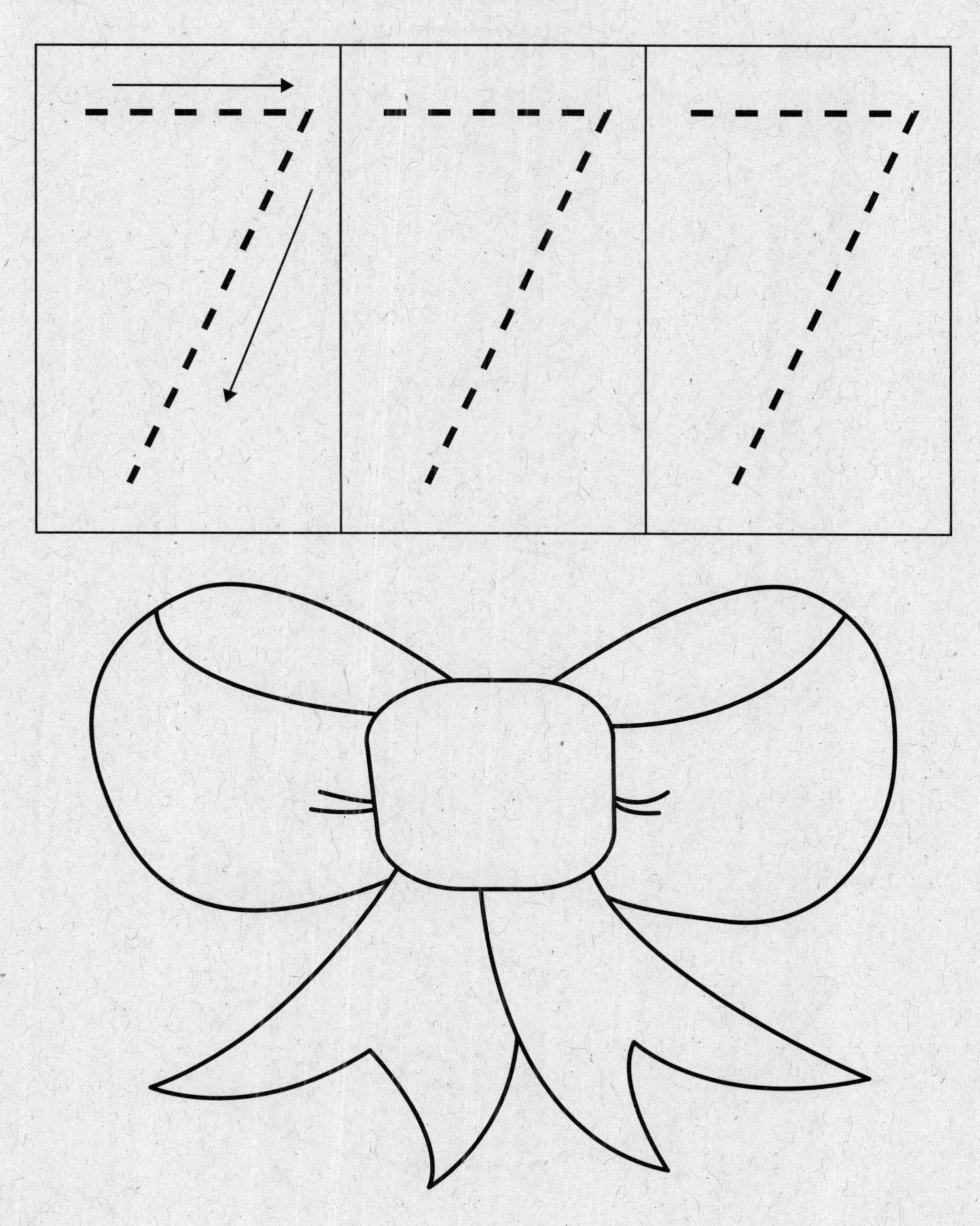

Ocho

Remarca con tu dedo el número **8** siguiendo el camino que te marca el auto con las flechas y después píntalo con acuarelas.

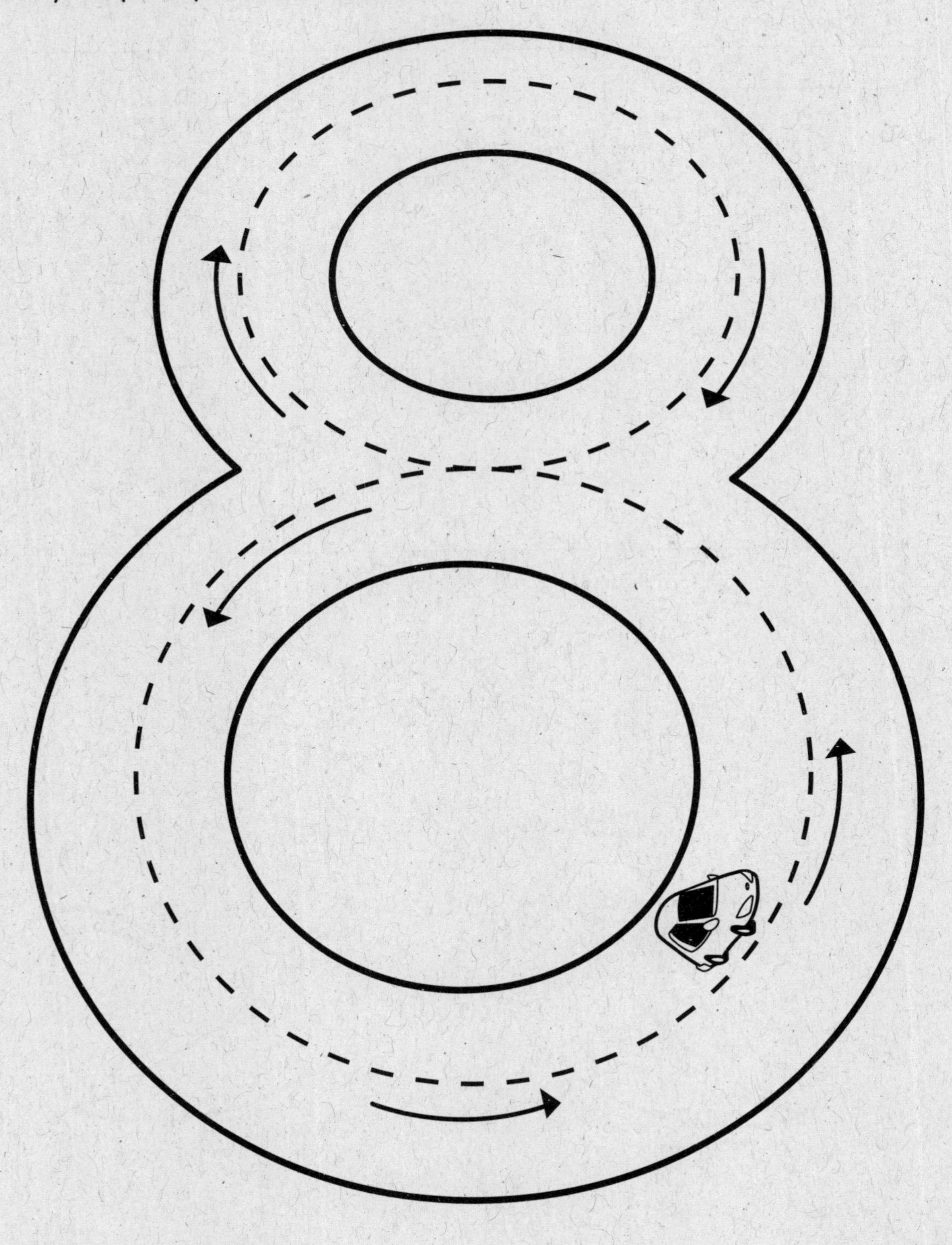

Ocho

¿Sabías que las arañas tienen **8** patas? Coloca pintura de color café en tu dedo índice y traza el número **8** siguiendo la línea punteada. Después colorea la araña.

Ocho

Remarca con crayón los números **8** siguiendo la flecha y repite su nombre.
Después colorea la bolsa que tiene **8** chocolates.

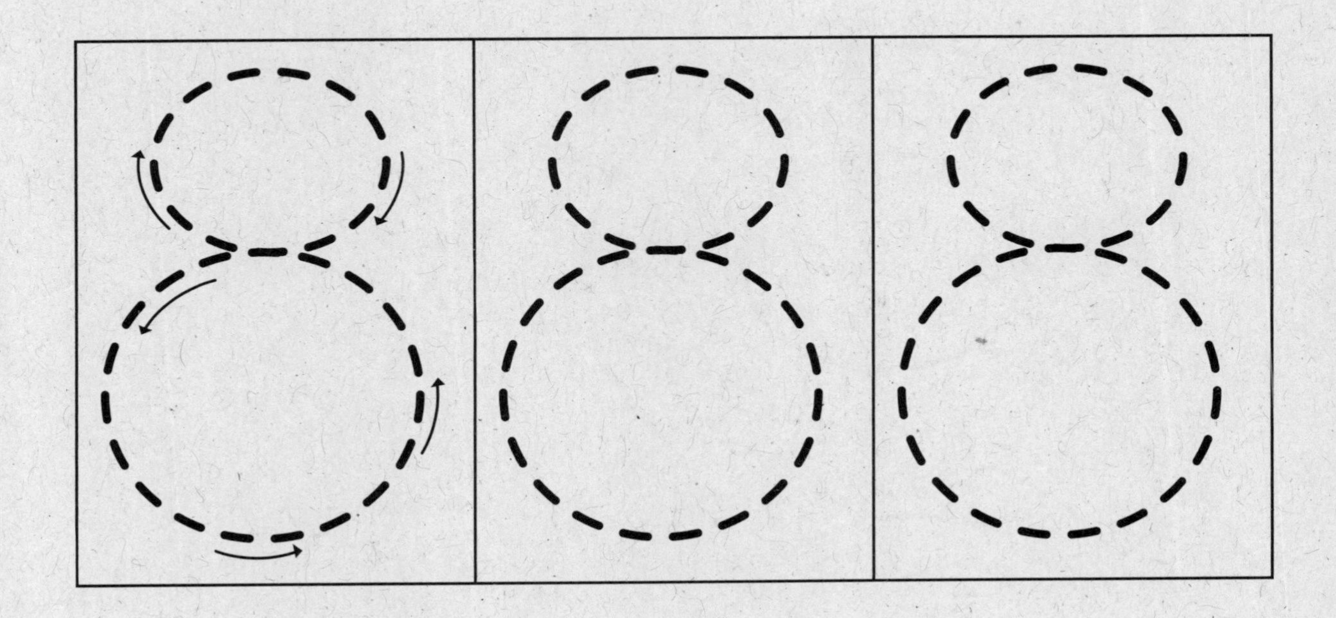

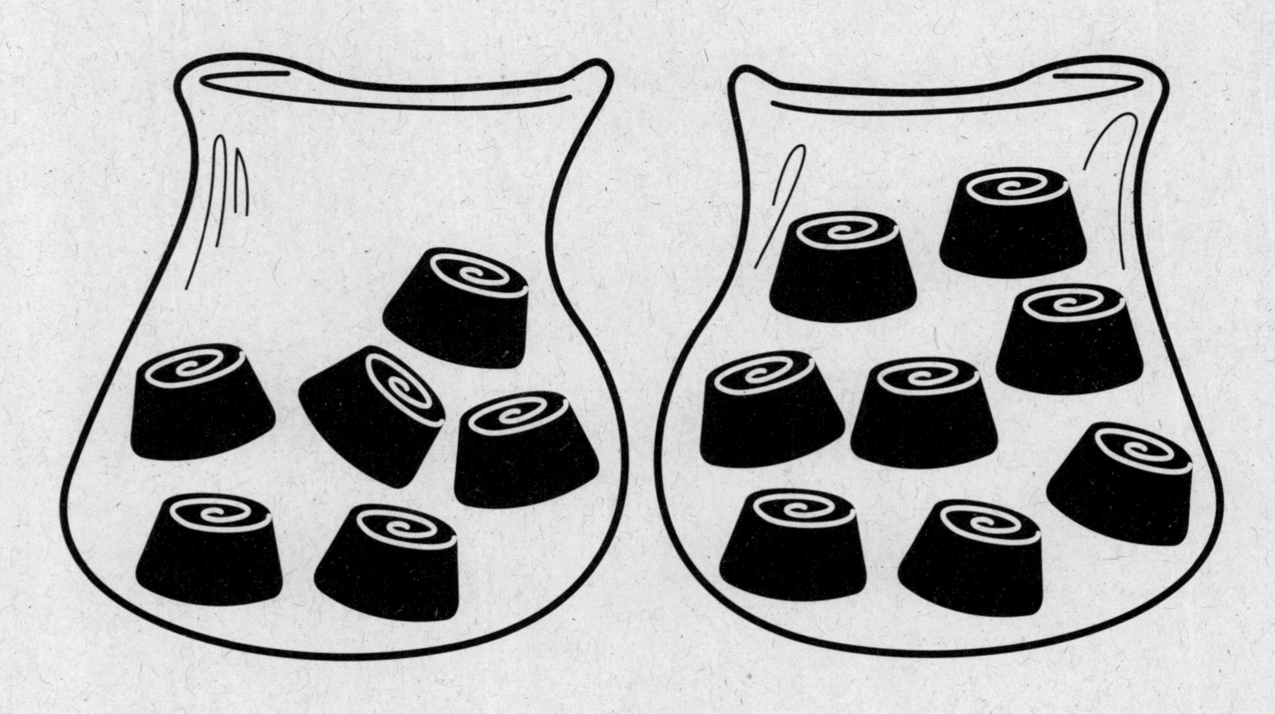

Ocho

Remarca con crayón los números **8** siguiendo la flecha y repite su nombre.
Después dibuja **8** manchas a esta vaca.

Nueve

Marca con tu dedo el número **9** siguiendo las flechas y coloréalo con colores; remarca la orilla con un tono fuerte y el interior con un tono suave.

Nueve

Este pastel tiene 9 velas. Coloca pintura de color naranja en tu dedo índice y traza el número 9 siguiendo la línea punteada. Después colorea las velas.

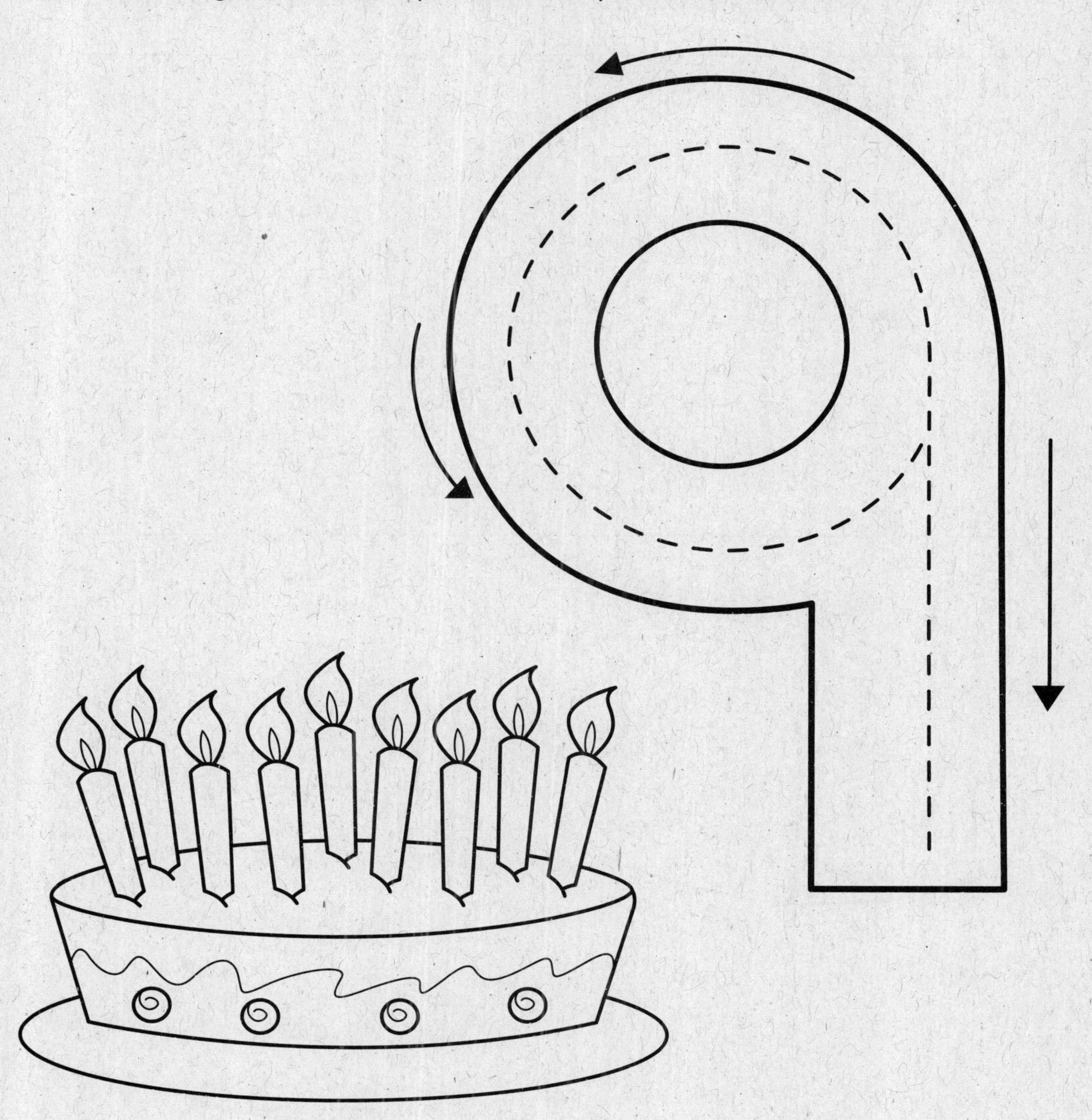

Nueve

Remarca con crayón los números 9 siguiendo la flecha y repite su nombre. Después colorea el estanque que tiene 9 ranas.

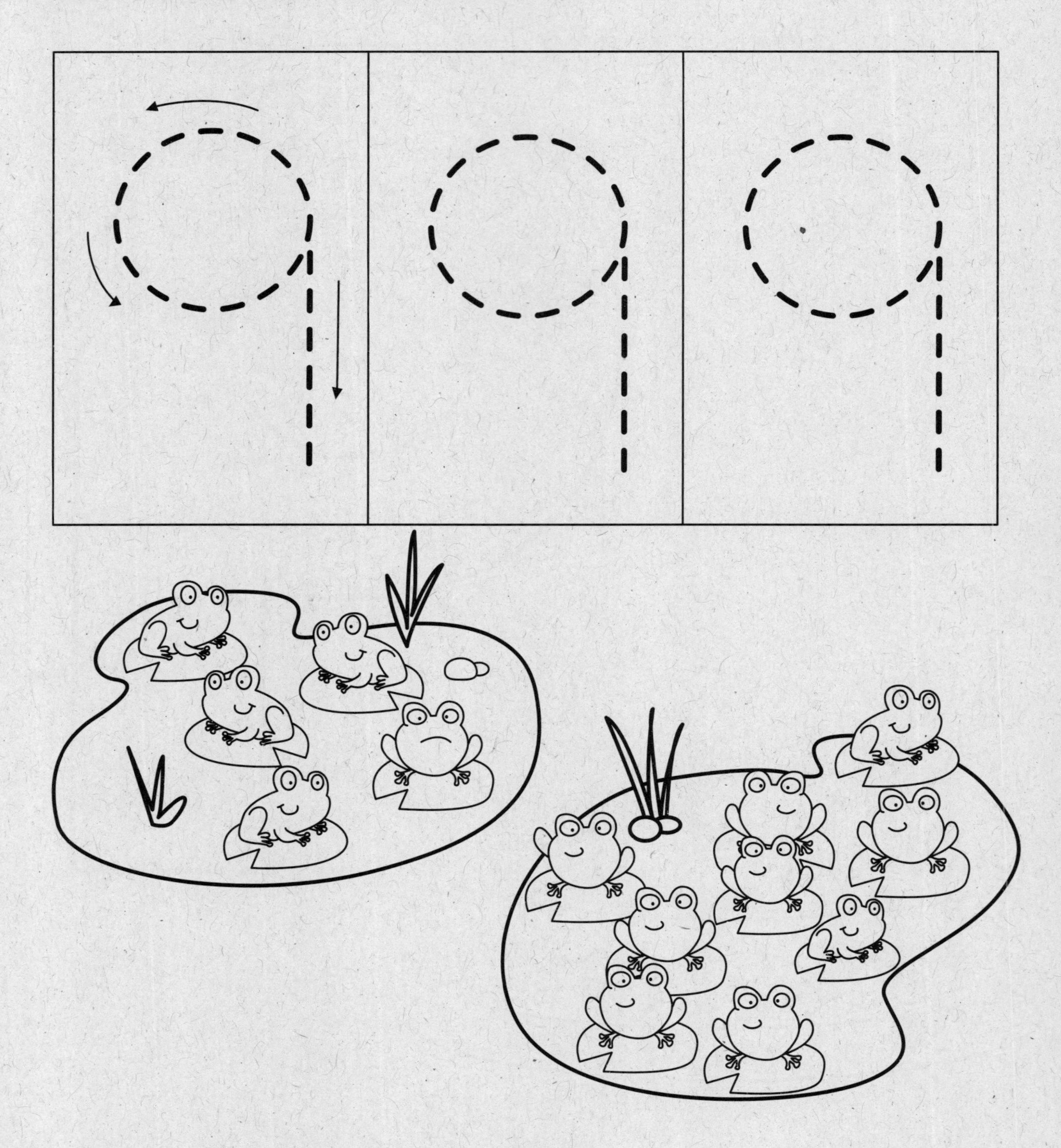

Nueve

Remarca con crayón los números **9** sigue la flecha y repite su nombre. Después dibuja **9** ✗ para adornar la playera.

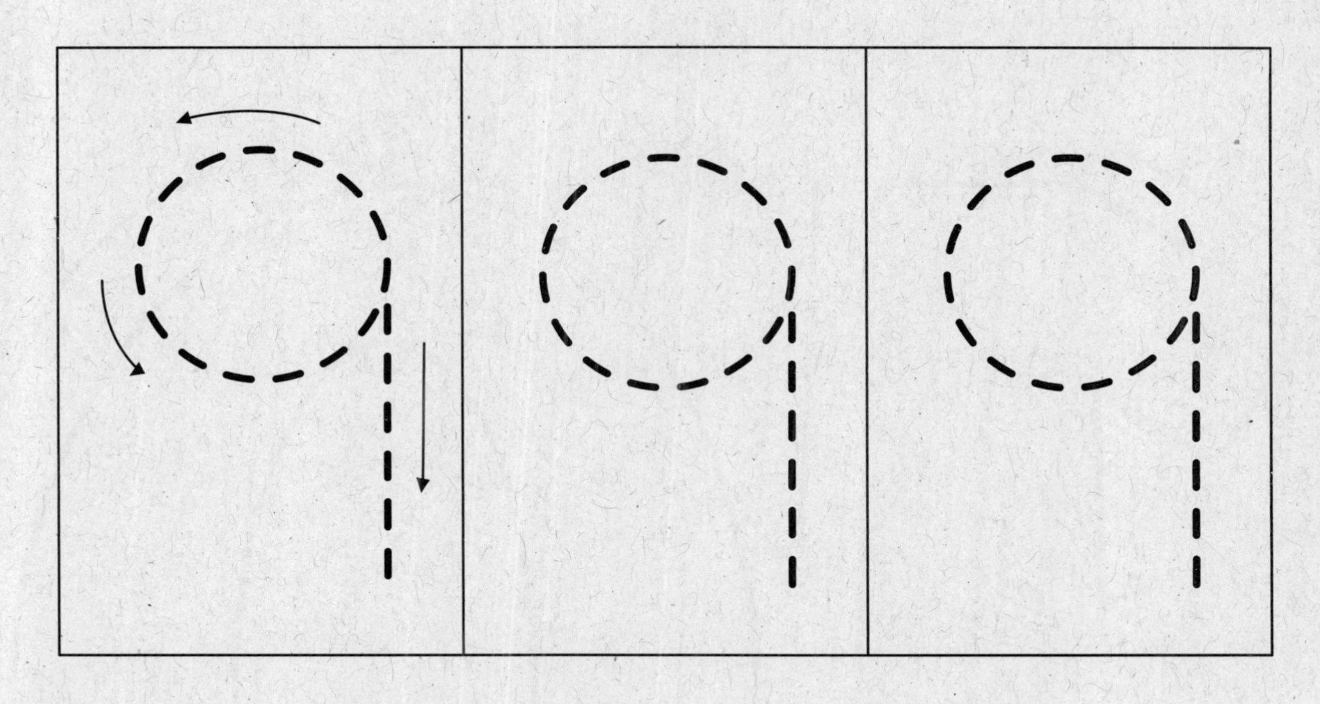

Diez

Remarca con tu dedo el número **10** siguiendo las flechas y píntalo con gis mojado.

Diez

En este panal hay **10** abejas. Coloca pintura de color amarillo en tu dedo índice y traza el número **10** siguiendo la línea punteada. Después colorea las abejas.

Diez

Remarca con crayón los números **10** siguiendo la flecha y repite su nombre.
Después colorea el árbol que tiene **10** peras.

Diez

Remarca con crayón los números **10** siguiendo la flecha y repite su nombre.
Después dibújale **10** huevos a este nido.

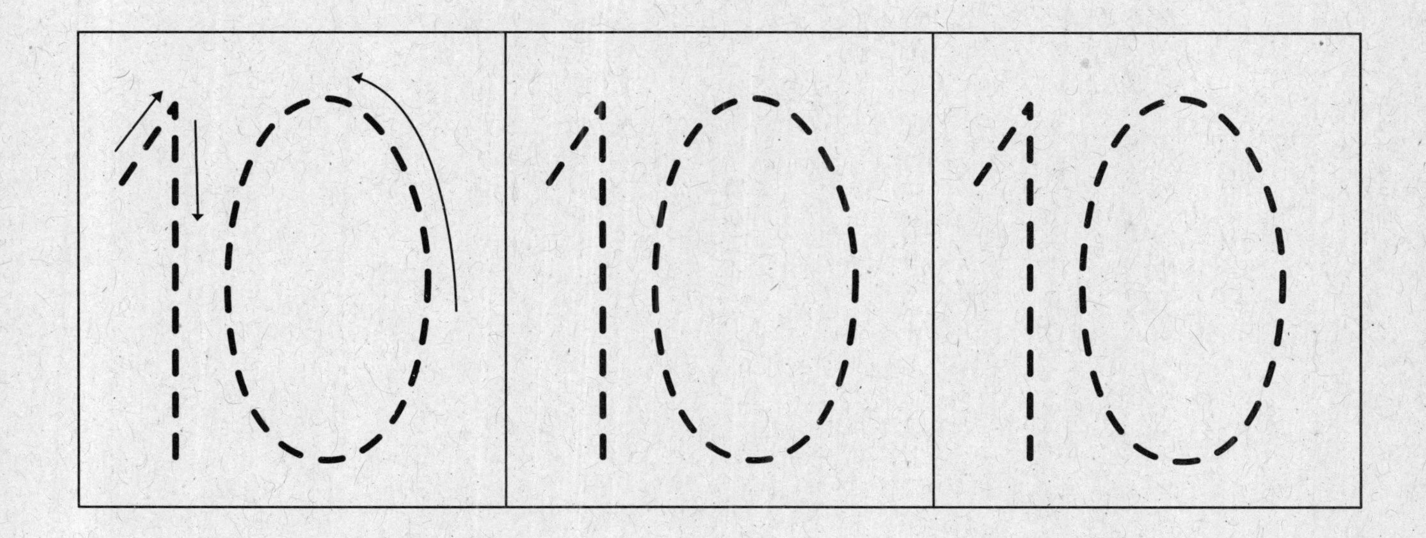

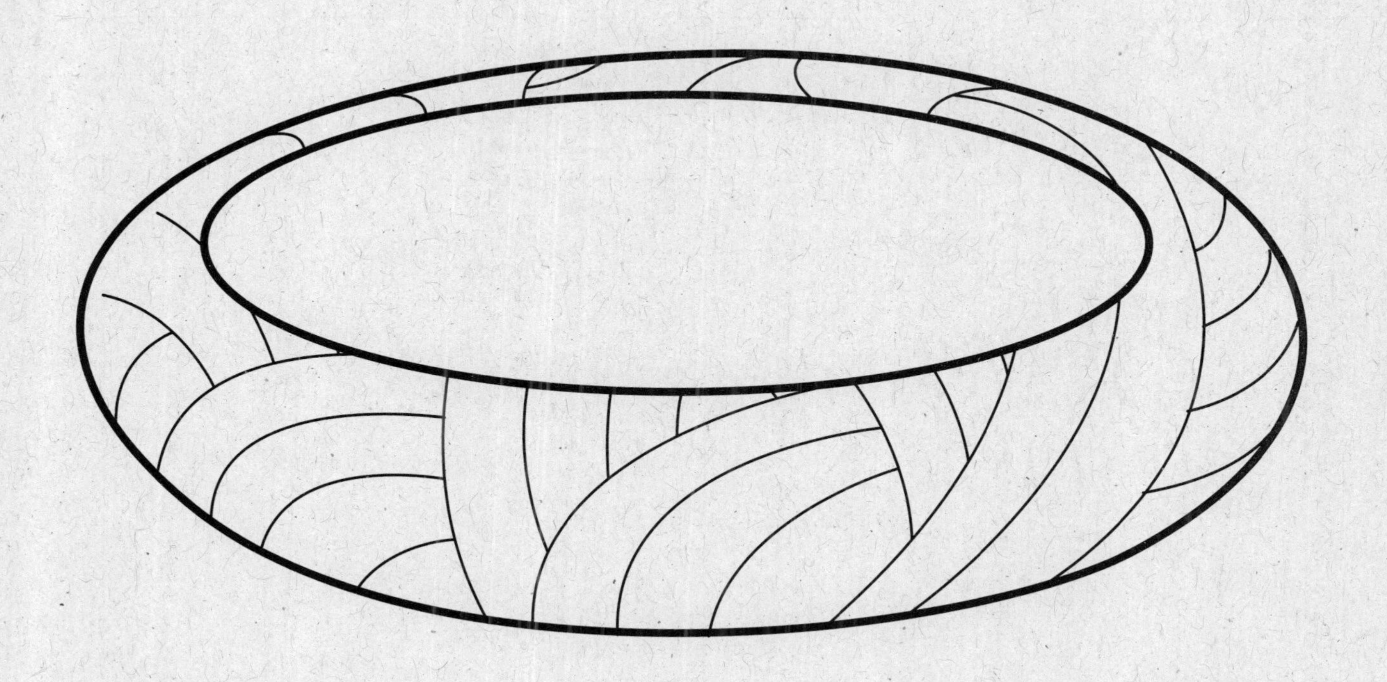

Repaso

Dibuja lo que se te pide.

1 ♡	5 ▭
3 ○	2 △

Repaso

Dibuja lo que se te pide.

4 □	7 /
9 —	10	

Repaso

Sigue la línea punteada para completar el dibujo. Después coloréalo del color que más te guste.

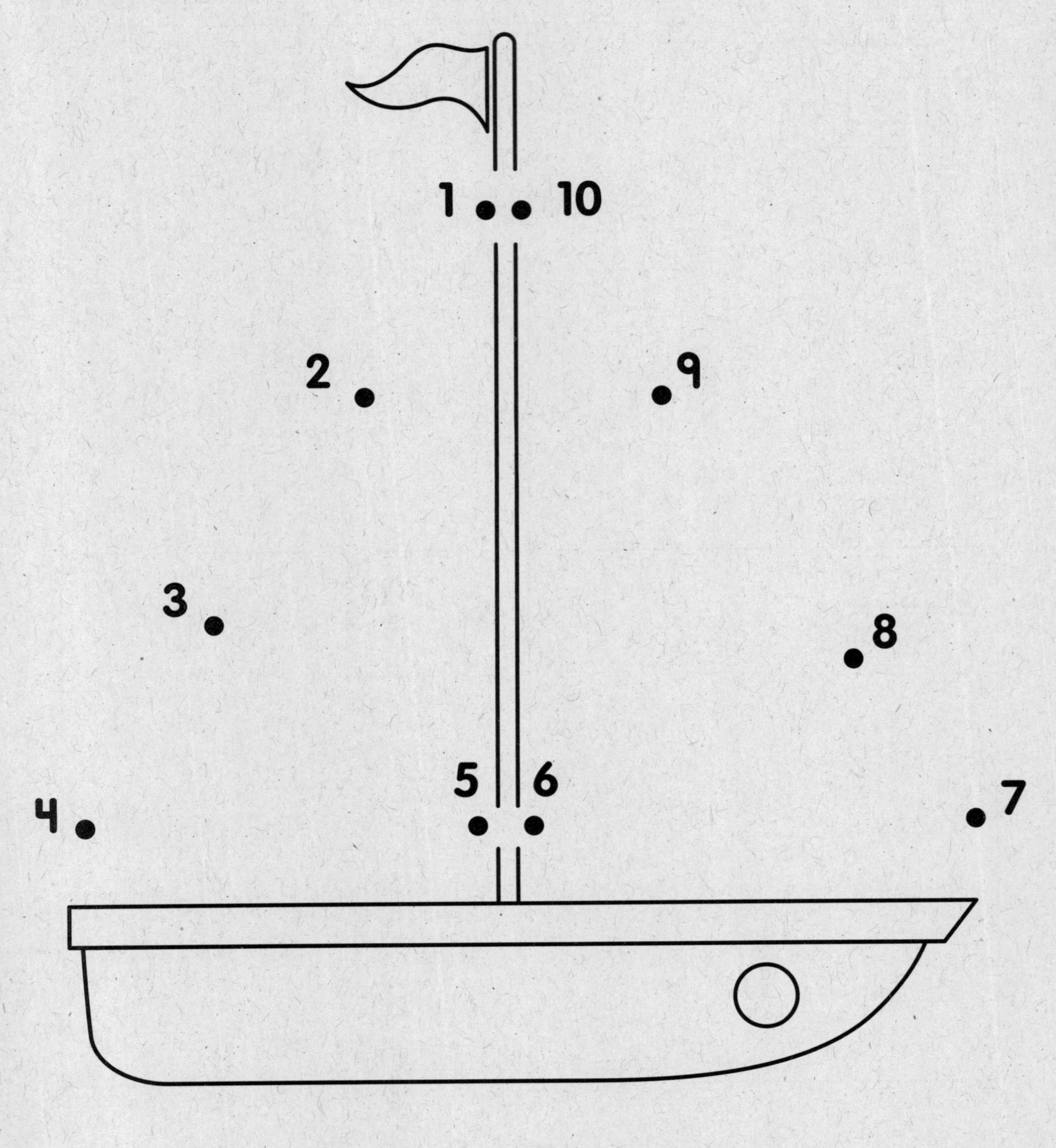

Repaso

Relaciona con líneas de colores los números con su cantidad.

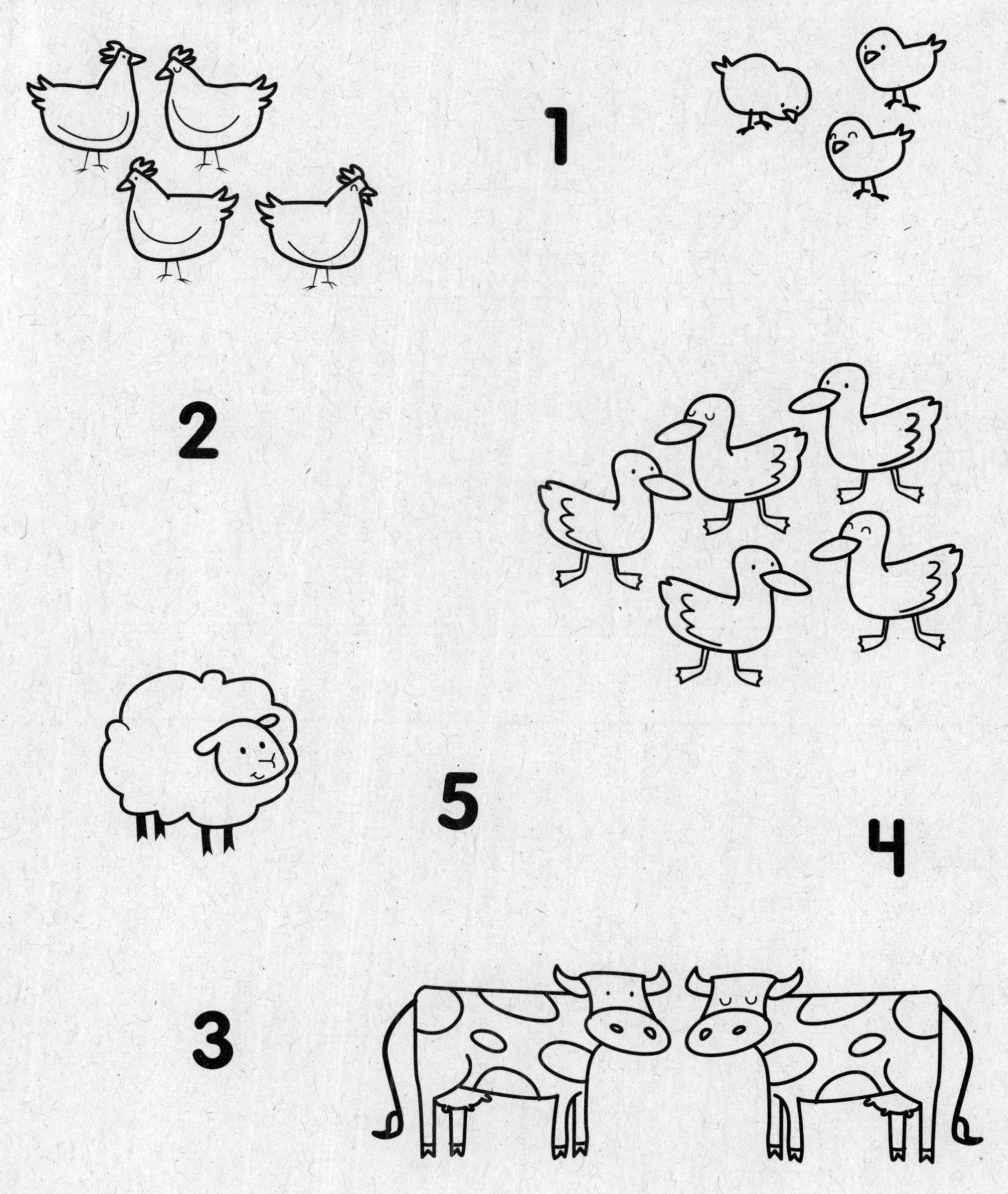

Repaso

Cuenta las verduras y escribe cuántas hay de cada una donde corresponde.

Repaso

Escribe en la línea el número que corresponde.

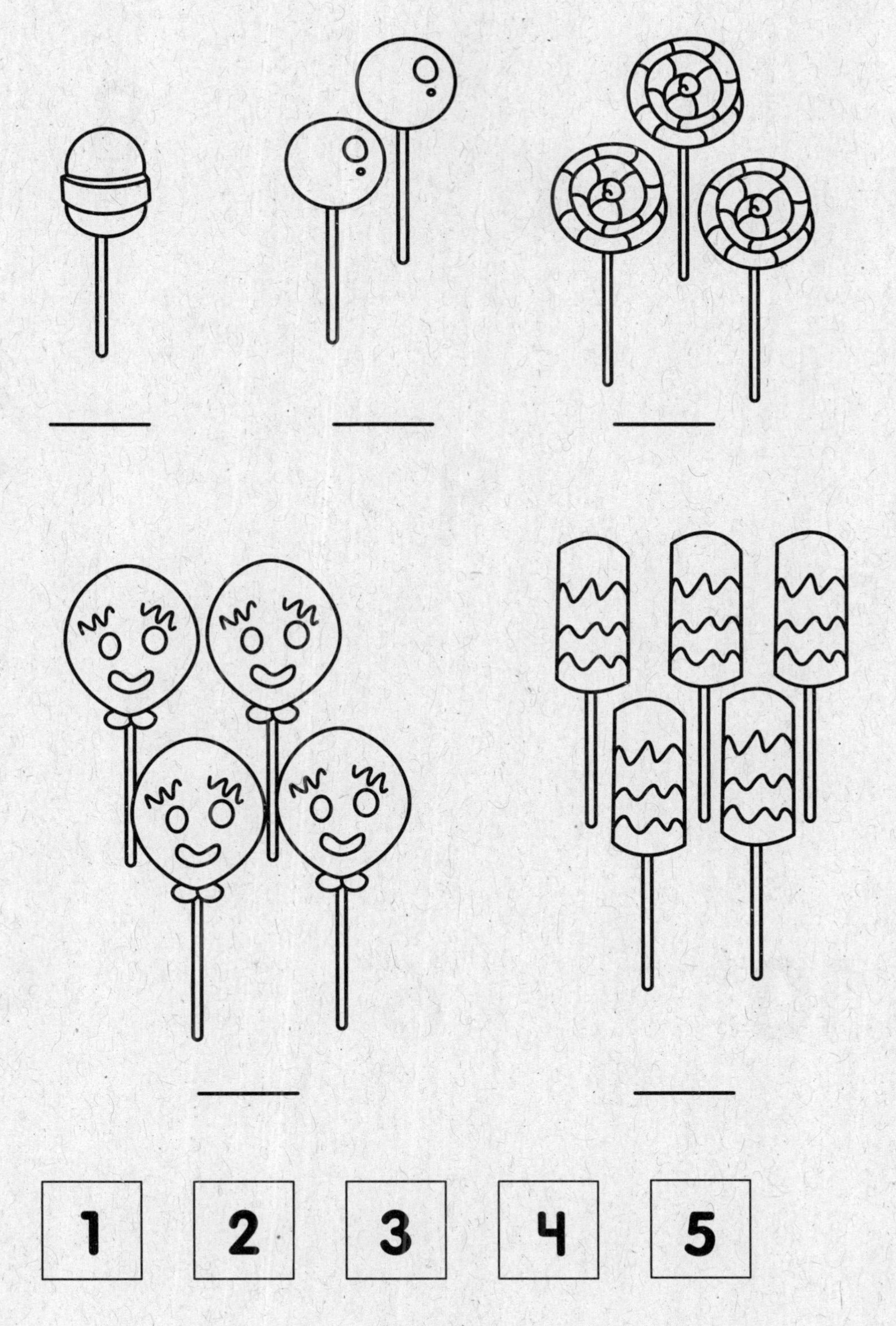

Repaso

Une con líneas de colores los números que son iguales.

8

7 6

7

9

8

10

10 6 9

Repaso

Escribe el número que le falta a las casas, después coloréalas.

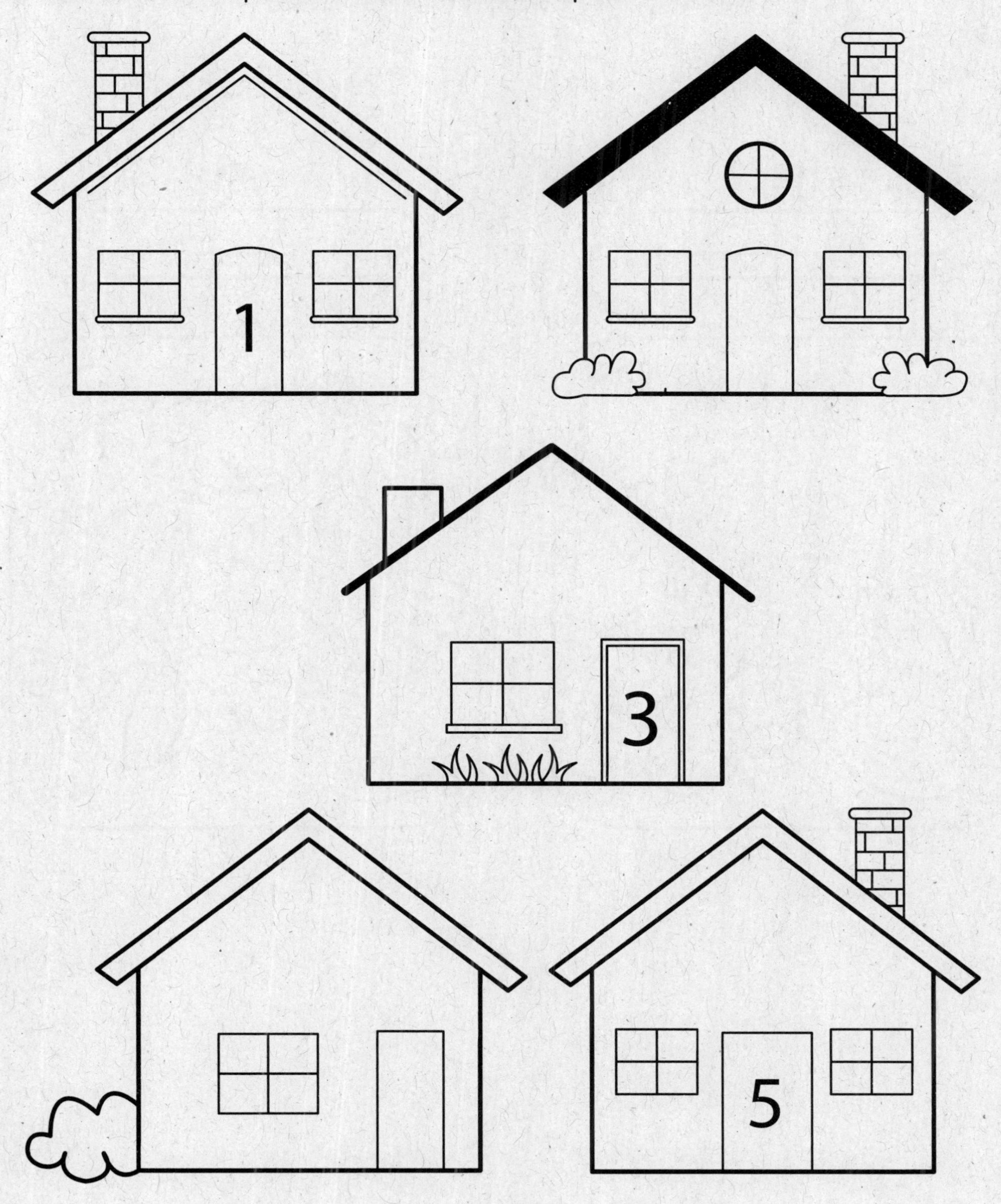

Más que

Colorea el frasco que tiene más dulces.

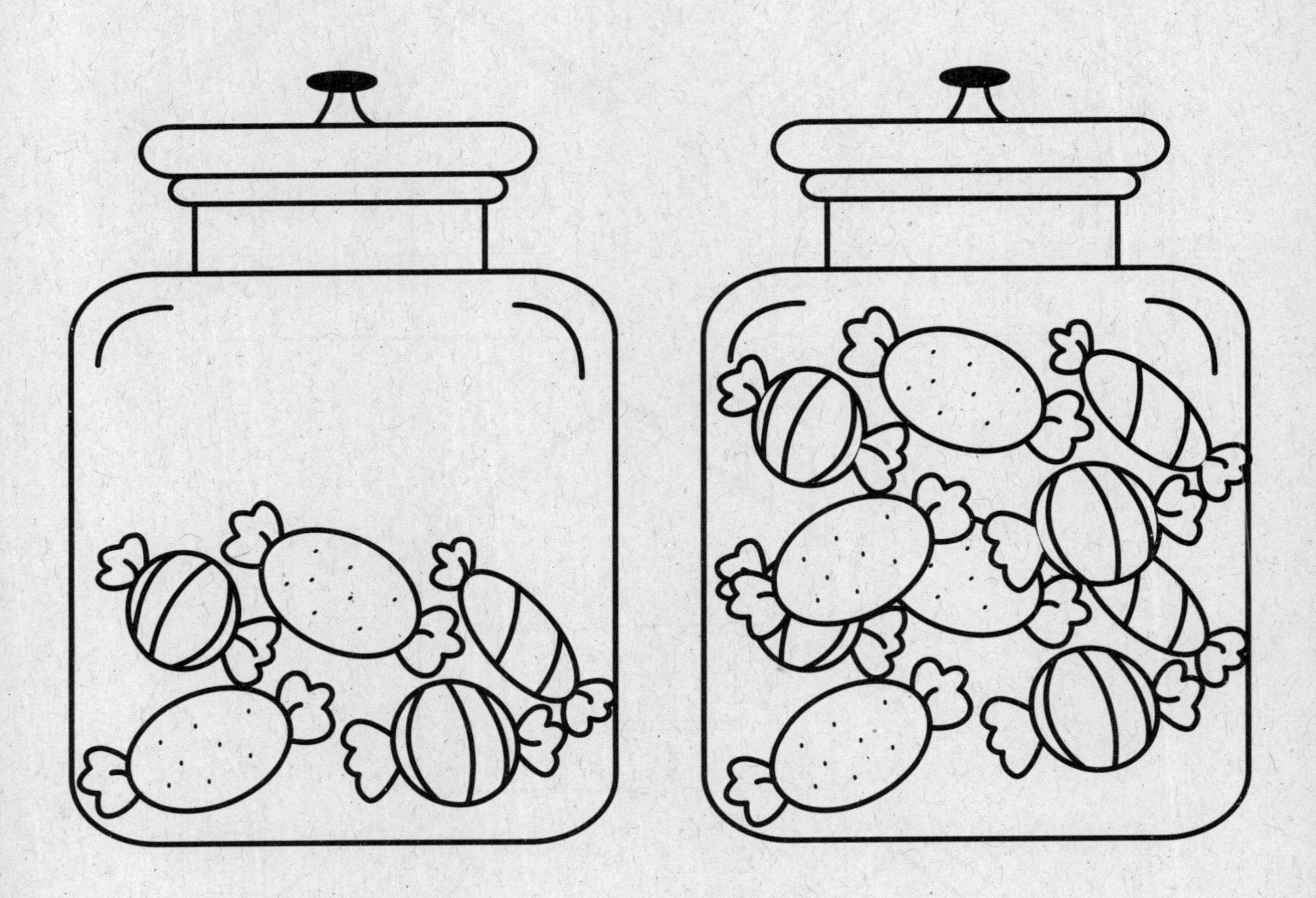

Menos que

Encierra en un círculo la caja que tiene menos lápices y después coloréalos.

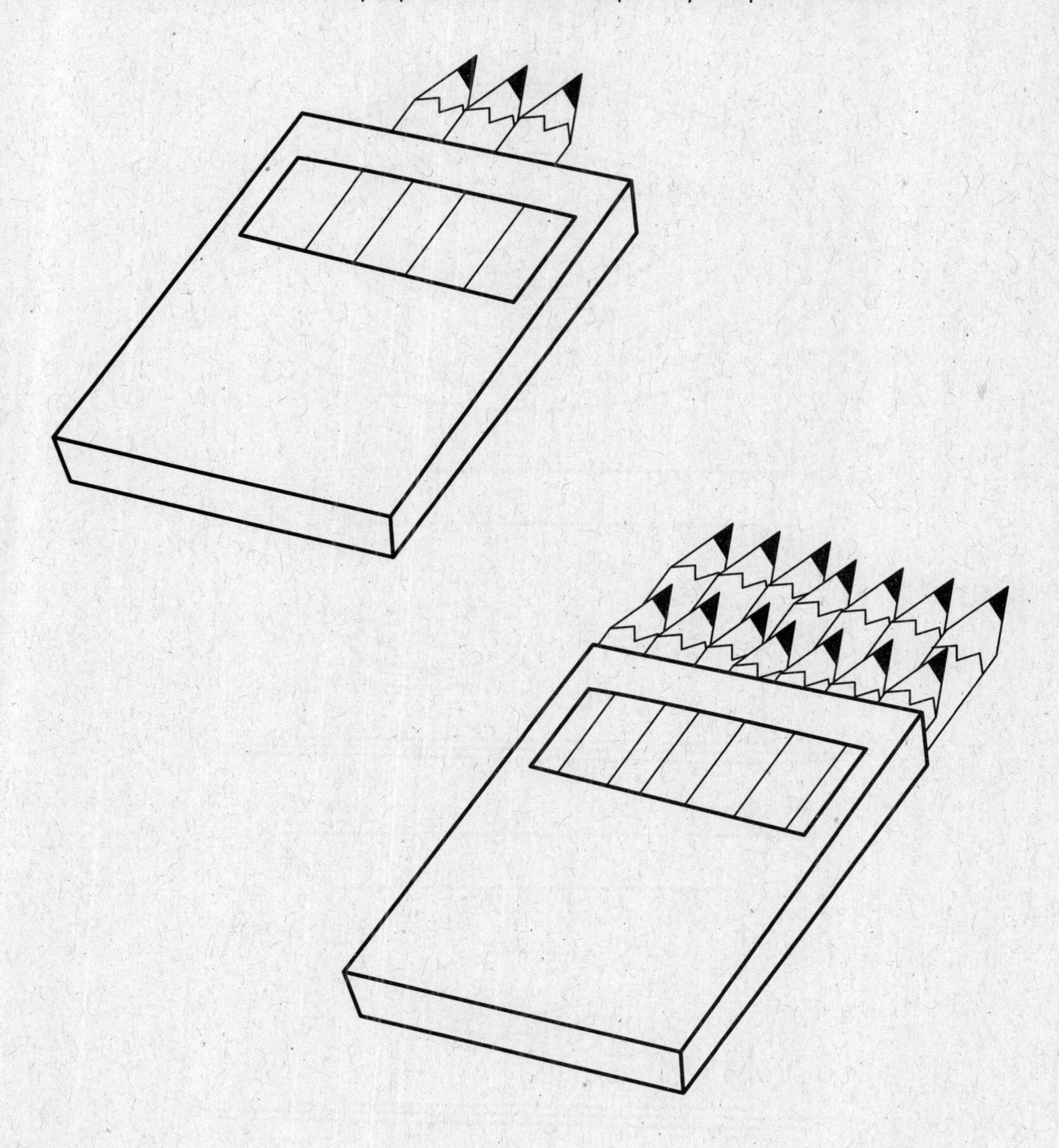

Igual

Colorea las galletas del plato cuadrado que son iguales a las galletas del plato circular.

Repaso

Haz lo que se te pide:

Encierra en un círculo azul donde hay más 

Encierra en un círculo rojo donde hay menos 

Colorea donde hay igual número de 

Repaso

Recorta de la página 159 las pelotas, los ositos y los carritos y pégalos donde corresponde, después colorea los juguetes.

	**Más pelotas**
	**Menos ositos**
	**Igual**

Nociones de adición

Cuenta los panes, agrega 1 y únelos con el número que corresponda.

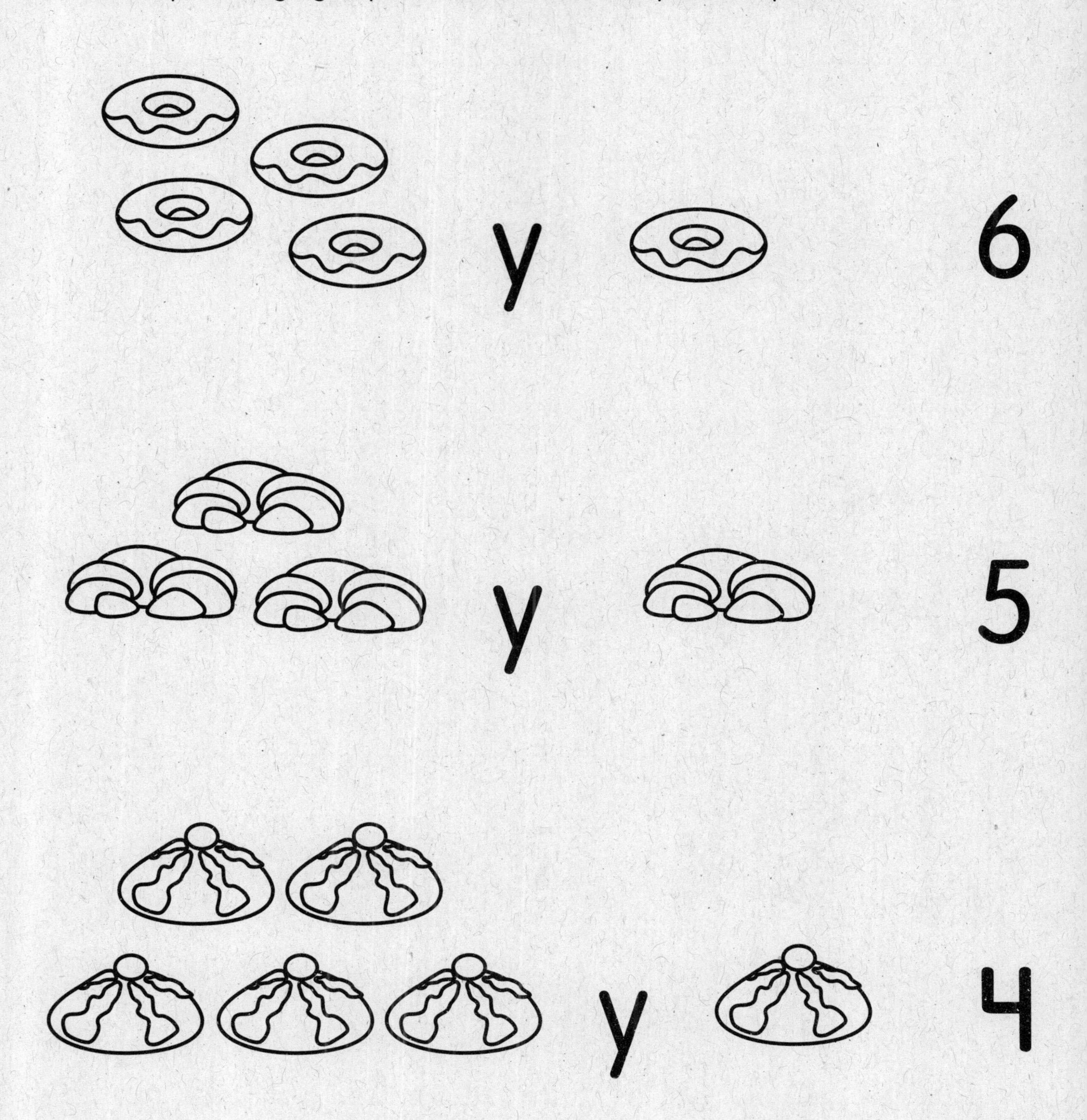

Nociones de adición

Escribe en el círculo que está vacío el número que corresponde.

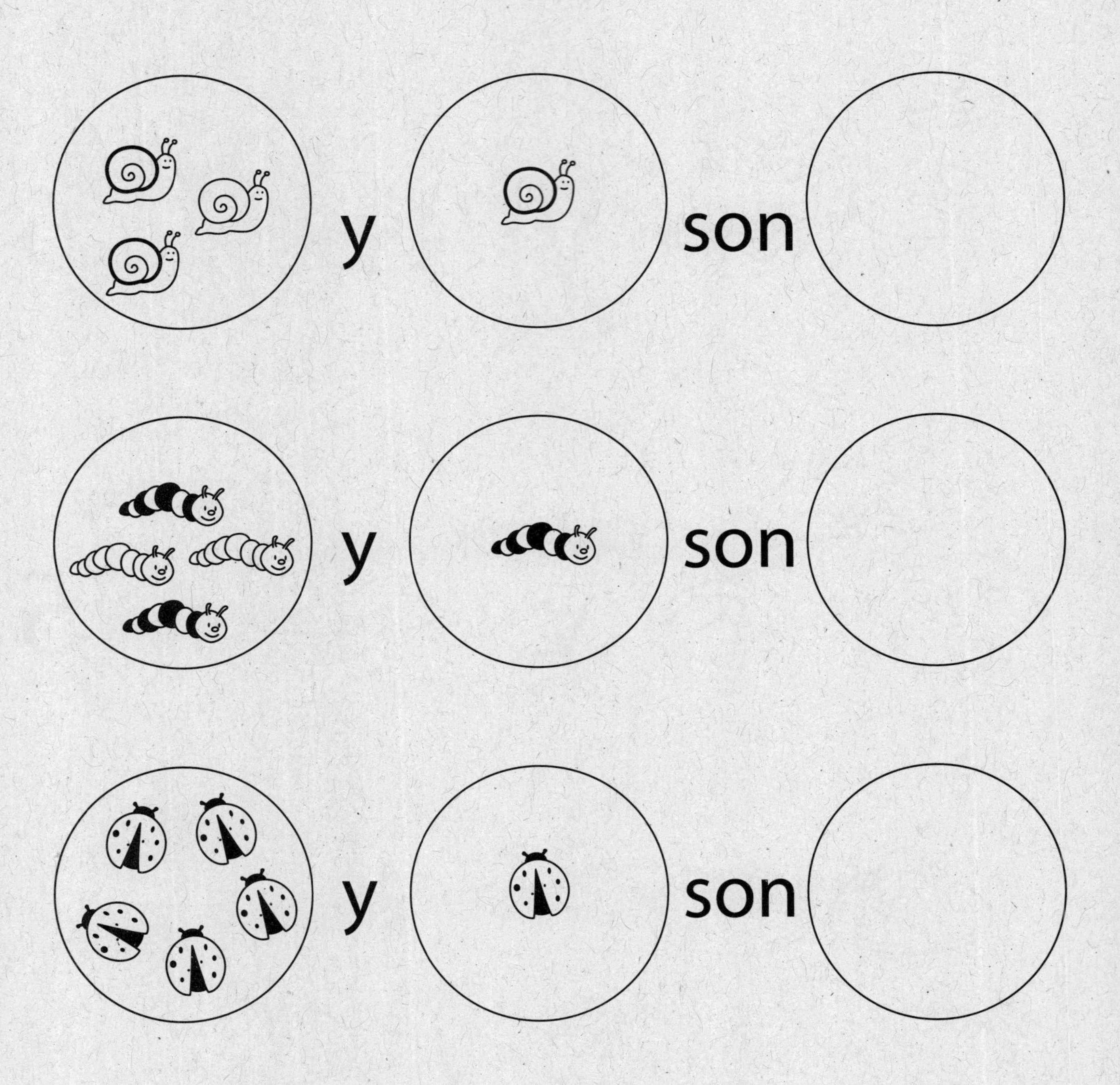

Ejercicios con monedas

Une las monedas que sean iguales.

Recolección y representación de datos

Les preguntaron a unos niños qué juguetes preferían jugar en su casa y pusieron ✗ por cada respuesta. Observa la tabla y contesta:

5			✗	
4			✗	
3	✗		✗	
2	✗	✗	✗	
1	✗	✗	✗	✗

El juguete que más niños eligieron fue:

El juguete que menos niños eligieron fue:

Recolección y representación de datos

Pregunta a tus amigos cuál sabor de agua les gusta tomar más y colorea un cuadro por cada respuesta que te den.

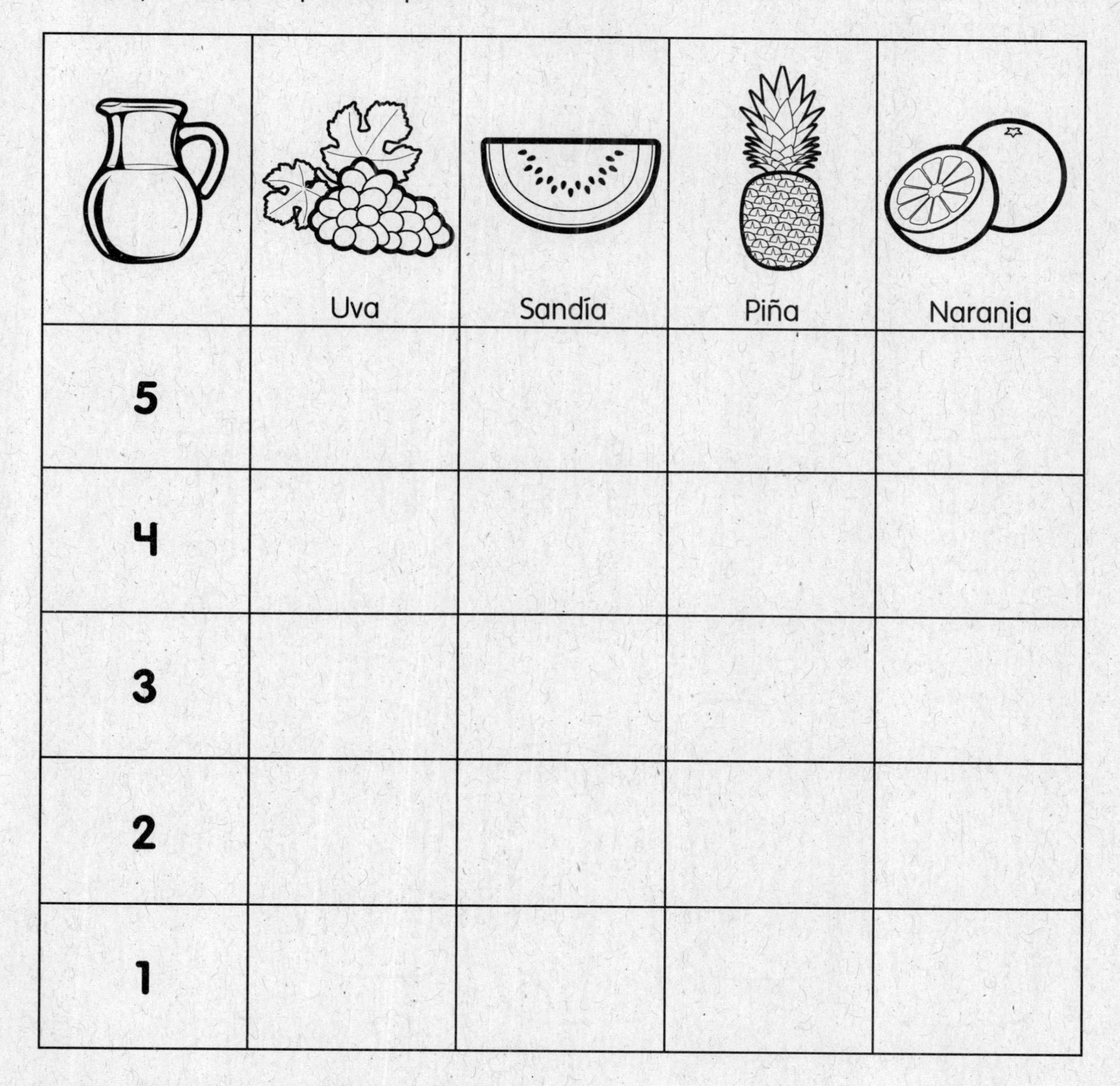

	Uva	Sandía	Piña	Naranja
5				
4				
3				
2				
1				

¿Qué sabor fue el que más les gustó?

Series

¿Te gustan las paletas heladas? En la primera hilera de paletas colorea una roja y una verde hasta que termines. En la segunda hilera colorea una amarilla y una rosa hasta terminar.

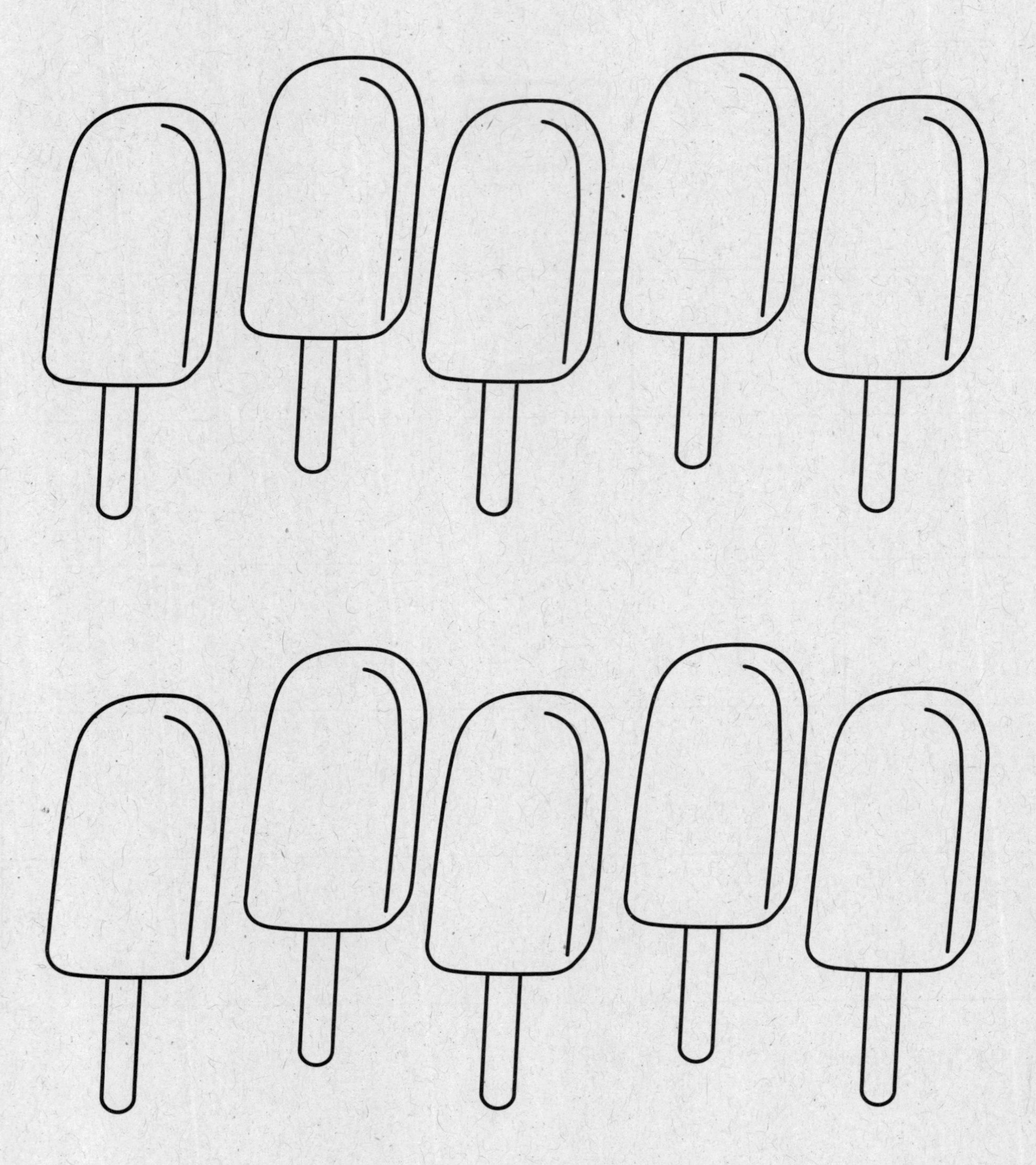

Series

Une con una línea el dibujo que continúa la serie.

Series

Éstos son adornos para una fiesta. Continúa dibujando la serie con colores.

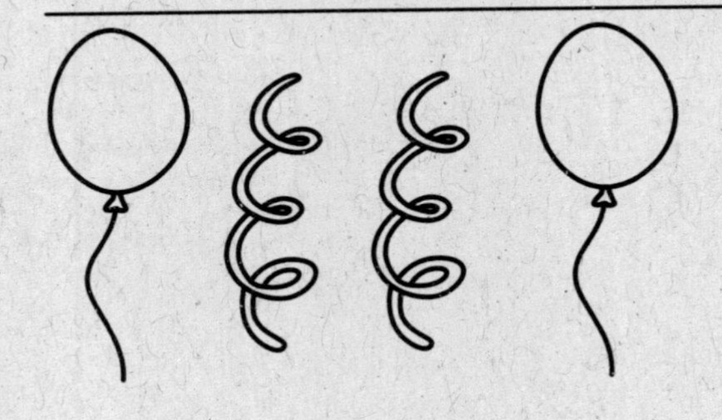

Series

Continúa la serie con colores.

Series

Continúa la serie con colores.

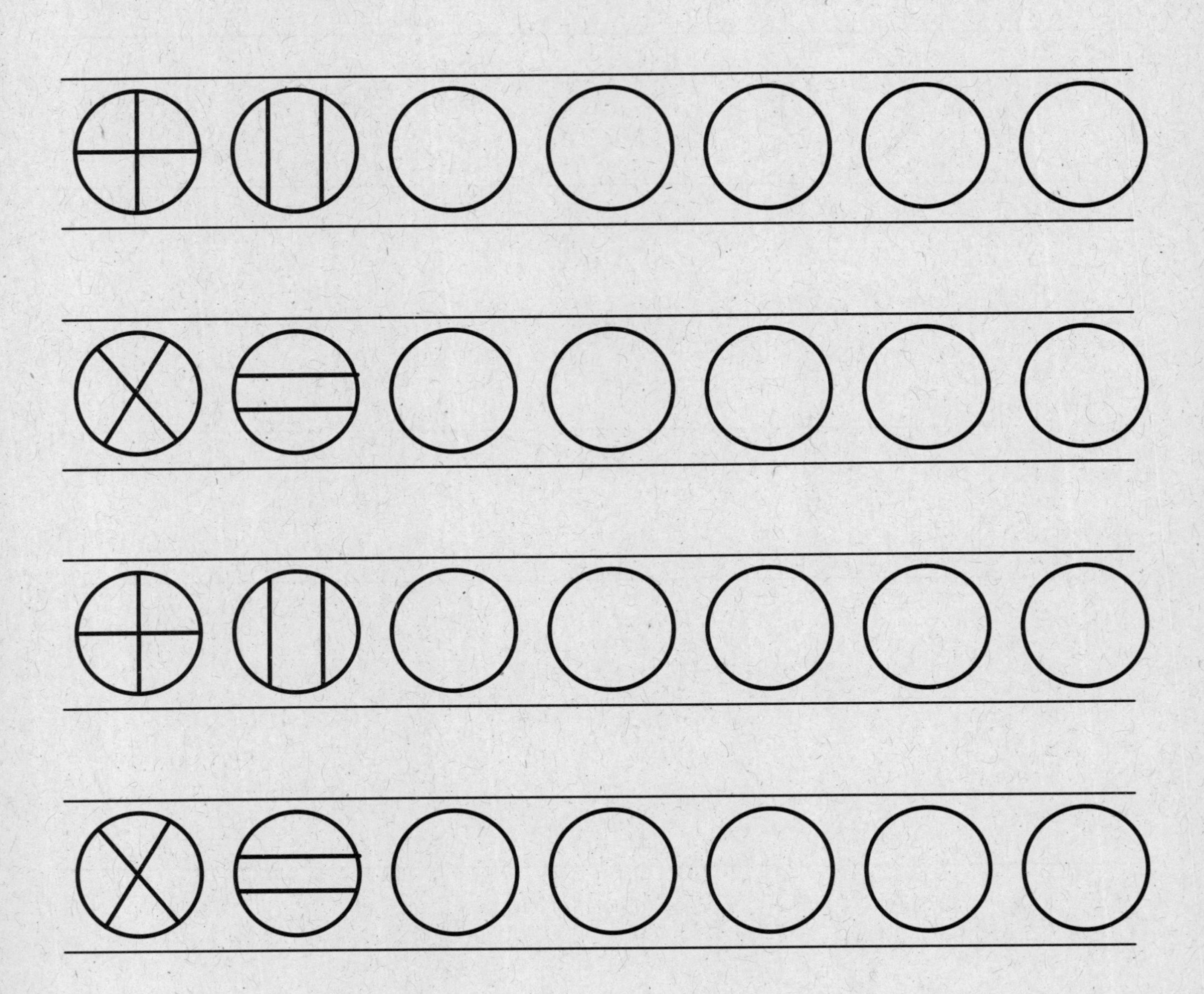

Repaso de figuras geométricas

Círculo

Pica con un punzón en cada punto del círculo y después coloréalo de azul. Puedes poner un cartón atrás de la hoja.

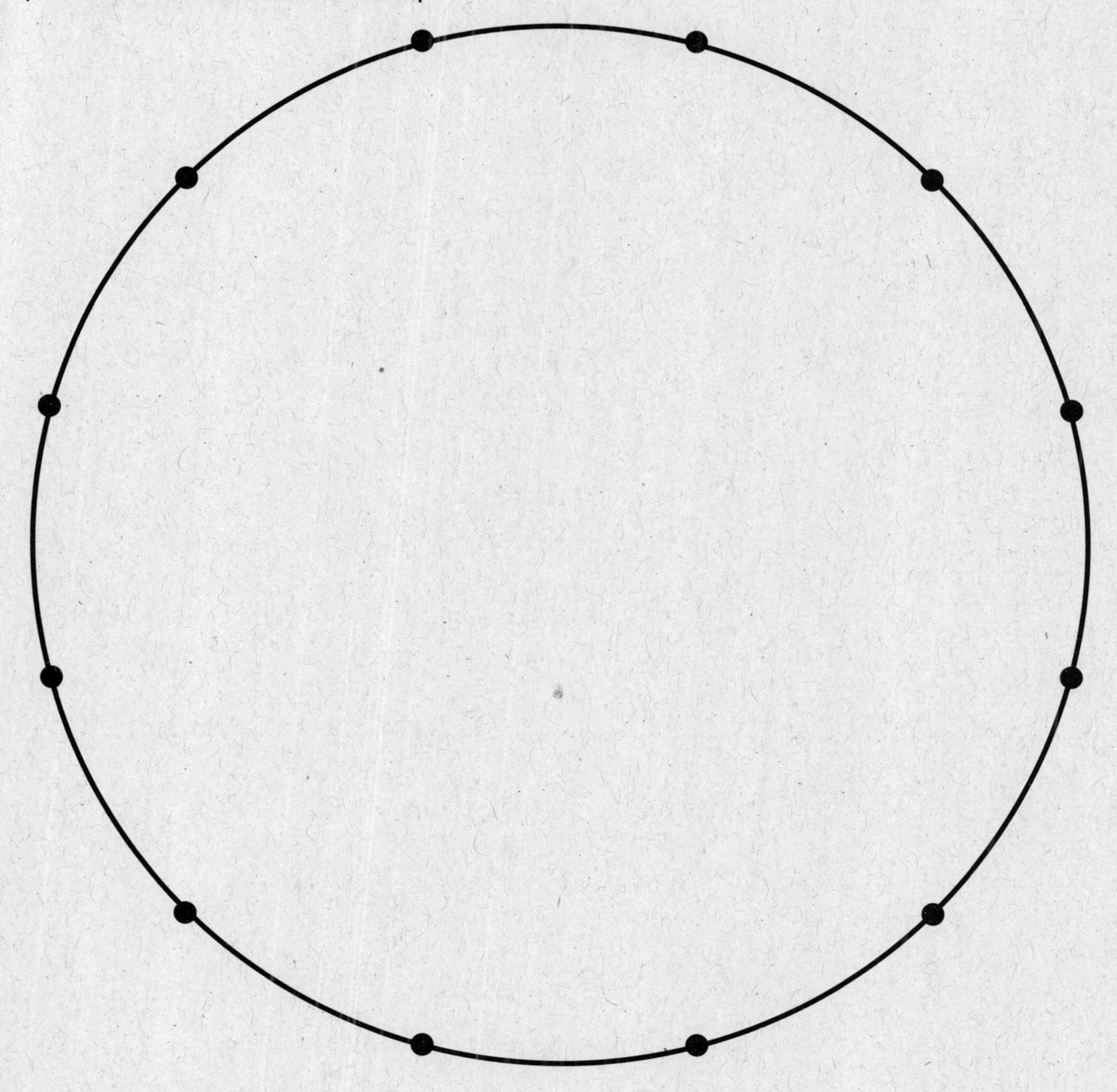

Cuadrado

Pica con un punzón en cada punto del cuadrado y después coloréalo de rojo. Puedes poner un cartón detrás de la hoja.

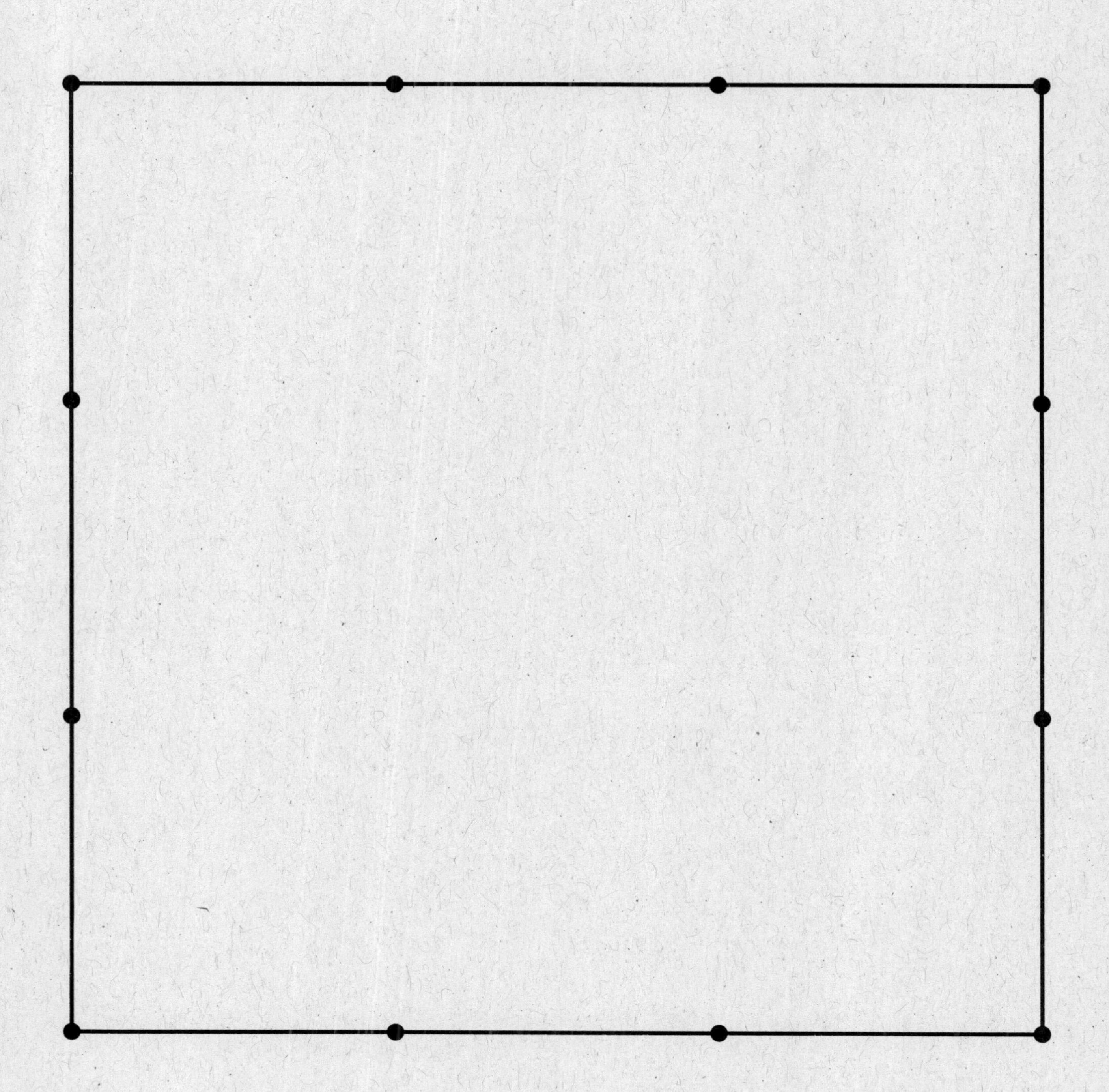

Triángulo

Pica con un punzón en cada punto del triángulo y después coloréalo de verde. Puedes poner un cartón detrás de la hoja.

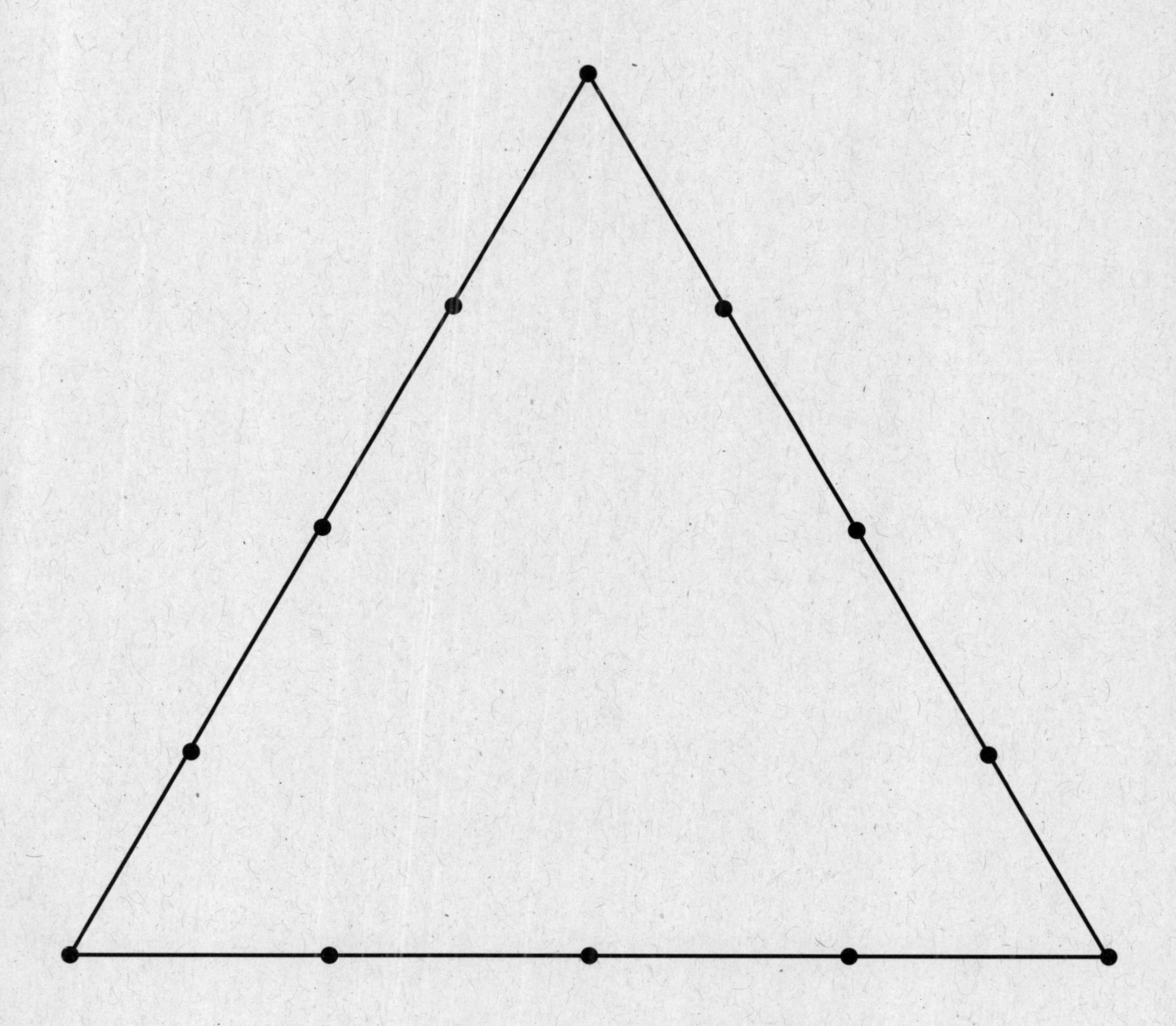

Rectángulo

Pica con un punzón en cada punto del rectángulo y después coloréalo de amarillo. Puedes poner un cartón detrás de la hoja.

Recortables

Página 27.

Recortables

Página 138.